# Expeditie MAN

Lucie Vriesema

# Expeditie MAN

Uitgeverij van Brug
Nijkerk

1e druk februari 2009
© 2009 Lucie Vriesema
© 2009 Uitgeverij van Brug, Nijkerk

Idee & teksten: Lucie Vriesema
Redactie: Hélène Damen
Omslag idee: TenU, Nijkerk
Grafische vormgeving omslag: Square Design, Nijkerk
Grafische vormgeving binnenwerk: Jacqueline van der Linden
Fotografie cover & binnenwerk: © Dreamstime.com
NUR: 312
Deze uitgave wordt in 3 verschillende coveredities uitgebracht:
isbn-13:
978-90-6523-231-1     978-90-6523-233-5     978-90-6523-232-8

Meer informatie: www.uitgeverijvanbrug.nl

*Voor oma Vriesema en alle andere mensen die zich
prachtig in hun eentje kunnen vermaken en erkennen
dat samen zijn veel leuker is.*

Lieve ♥Elia♥,

Nu we verkering hebben kan ik je een heleboel vertellen.
Waar zou ik eens mee beginnen. Ik weet het. Weet je
nog dat je hier voor het eerst op school kwam? Toen
zeiden Fiek en Marjo nou wat een stom kind en ik vond
van niet. Er was sportdag en spelletjesmiddag op die
dag. Arredin en ik wilden met jou alle spelletjes gaan
doen maar toen vroegen Marjo en Fieke jou snel, omdat
ze niet wilden dat ik met jou omging. Om eerlijk te
zeggen waren Fieke en Marjo dus jaloers dat ik verkering
met je zou krijgen. Toen je ongeveer twee weken op
school zat vond ik je echt aardig, want je was nooit gelijk
boos en je was een heel rustig persoon. Ik vind jouw heel
leuk en lollig en je hebt altijd leuke kleren aan. Ik had
eigenlijk helemaal niet aan verkering gedacht. Toch is het
leuk om met jou verkering te hebben. Het is een keer wat
anders. En jij gaat ook naar de Randijk. En dat vind ik
ook heel leuk, dus ik hoop maar dat het zo blijft tussen
ons. Nou ik moet maar stoppen met schrijfen. Doei Good
bay 1000xxxxxxjes van Raymond
ik hou van jouw

# Inhoudsopgave

**Voorwoord**   9

**DEEL I**
1. Tunesiër   13
2. Oude Bekende   19
3. Maori   24
4. Kalme   33
5. Sportman   41
6. Vraagstuk   47
7. Pretpark   56
8. Docent   74
9. Journalist   82
10. BN'er   89
11. Boekenwurm   94
12. Smiley   103
13. Klik   114

**Bezinning   137**

**DEEL II**
1. Kroegman   151
2. Roeier   163
3. Beminde   172
4. Politieman   188
5. Snelle Jelle   202
6. Beginnend Iets   218

**Dertig en dan?   241**
**Feest   247**
**Dankwoord   251**
**Verantwoording   253**

# Voorwoord

Tijdens mijn vakantie op Kreta in augustus 2007 probeerde ik met mijn zieke hoofd en lijf te zwemmen. Mijn oog viel op een jong stelletje dat op nog geen twintig meter afstand diep romantische avonturen beleefde. Natuurlijk zagen ze mij een eindje verderop worstelen met een knalroze luchtbed, maar dat weerhield hen er niet van hun zwemkleding met theatrale gebaren op het droge te gooien. Ik zat er op dat moment zowel fysiek als mentaal finaal doorheen. Ik was gedegradeerd tot een hoopje ellende. Oorzaak was mijn passionele, overweldigende, maar helaas ook woest dramatische en uiterst gecompliceerde relatie met Klik. Als een dweil sleepte ik mijzelf door het leven.

Na enige tijd was ik zo ziek, dat ik alleen maar halfslachtig over de bank kon hangen, met de airco op vijftien graden, omdat ik het stik benauwd had. Even later liet ik Wijze Vriendin drie dekbedden aanslepen, omdat ik me op de Zuidpool waande. Na een doktersbezoek en een antibioticakuur stroomde de levenslust langzaam terug in mijn lijf. Maar ik voelde me nog steeds buitengewoon akelig. Bij thuiskomst stond mij waarschijnlijk een uitmaakscenario met open armen op te wachten. Nu is ellende ellendig, maar zelfs aan een dal (ravijn) kleeft een voordeel: het inspireert.

Zolang ik me herinner maak ik lange fietstochten tijdens welke ik gedetailleerde scènes uitwerk over waar ik hem ontmoet, hoe ik hem ontmoet en hoe het verder gaat van dag één tot de dood ons scheidt. De meest populaire fantasie is die over mijn dertigste levensjaar. Ik bewoon niet alleen dat boerderijtje in het bos met

11

een hondenduo druk spelend in de voortuin en diverse geitjes in de wei. Ik heb tevens een oersterke relatie met een geweldige man en ben zwanger van minimaal het tweede kind.

Daar lag ik verveeld op mijn ziekbed, ver in de negenentwintig, mezelf afvragend of het ooit nog enigszins de goede kant op zou gaan met mij en de mannen, of in elk geval met één exemplaar. Turend naar aftandse gordijnen en een scheefhangend schilderijtje dacht ik terug aan al die mannen waarin ik de afgelopen tien jaar iets had gezien. Of liever: waar ik iets in had proberen te zien en op welke fiasco's dat uitdraaide. Door mij, door hem, de situatie, de sfeer, de zin, een woord of gewoon omdat het onvermijdelijk was.

Mijn besluit stond vast. Doelloos lanterfanten van je eenentwintigste tot je eind achtentwintigste was toegestaan. Maar ik wenste niet bij die buitengewoon interessante, hoogopgeleide, superzelfstandige, maar o-zo eenzame groep vrouwen van dertig te horen. Het werd de hoogste tijd het zinkende schip te verlaten.
Expeditie MAN was geboren.

# DEEL I

## 1. Tunesiër

*It could be worse. It could be raining.* Mel Brooks

Op mijn zeventiende meldde ik mij aan voor de leraren-opleiding basisonderwijs in Assen. Maar omdat Assen voornamelijk degelijke gezinnen, vijfenzestigplussers en gehandicapten huisvest, woonde ik vanaf mijn acht-tiende op kamers in Groningen. Midden in het centrum, achter de Grote Markt, in de Gelkingestraat. Daar was ik altijd verzekerd van herrie om me heen. Zelfs tijdens kermisperiodes was ik nog altijd verrukt dat ik niet in Assen woonde. Mijn huisgenootje en ik gingen regel-matig op stap. Op woensdag, donderdag, vrijdag en waarom ook niet op zaterdag? Meestal was er niks aan. In plaats van doorzakken, lallen en overgeven, kookte ik liever voor vrienden en ging ik daarna een eindje fietsen.

Om een uitstapje te maken. In plaats van après-ski maak ik liever nog een rondje op de latten, langlaufend in Noorwegen waar je urenlang geen mens tegenkomt.

In plaats van op vakantie te feesten in zweterige disco-
theken met techno, drank en drugs, geniet ik liever van
locale lekkernijen, bezoek ik een authentiek bioscoopje
en bekijk ik een film in een taal die ik niet begrijp. Om
daarna in alle stilte met een zaklamp zeldzame nacht-
dieren op te sporen.

Op de basisschool lette ik op mijn kledingsstijl (fluo-
rescerende flitsset of spijkerpak), hield ik van horror
(met stip op één: Misery van Stefan King), ging ik
graag naar pretparken en probeerde ik mijn moeder
over te halen in de Honky Tonky te gaan (of hoe de
engste attractie destijds ook heette), giebelde ik onophoudelijk (bijvoorbeeld omdat mijn hartsvriendin en ik
milkshake van twee hoog lieten vallen op het hoofd
van mensen), gaf ik het ene na het andere stoere slaap-
spel-slow-soundmixshow-feest (het was maar net wat
er op dat moment in was, of ik maakte het gewoon in).
Rond mijn vijftiende was het passé met mijn jeugd en
leed ik aan een bejaarden-instelling. Ik probeerde er
wel wat van te maken, maar van een afstandje zag ik
mijzelf altijd mijn best doen.

Stappen was niet alleen niets aan, het leverde bovendien nauwelijks iets op. Ik ben van mening dat alles
altijd wat moet opleveren. Als ik ziek ben, werk ik door.
Als ik in de rij bij de kassa sta, lees ik ter compensatie
de krant. Op vakantie stel ik mijzelf altijd een doel; al
is het maar een boek schrijven. Zomaar doelloos ronddwalen was al tijdens mijn opvoeding volstrekt niet aan
de orde, laat staan dat ik het DNA-technisch heb mee-
gekregen.

Laten we voor de goede orde de glasheldere waarheid onthullen. Een single vrouw die zich in het uitgaansleven stort, hoopt altijd de ware Jacob tegen te komen. Al dat geleuter over 'gezellig met de meiden de hort op', 'bijkletsen onder het genot van een roseetje', 'gewoon effe een drankje doen'. Zodra mogelijke Jacob zich aandient, is elke single vrouw ineens finaal op hem gefocust.

Ook al was ik krap achttien, ik was van mening dat ik klaar was voor Jacob: een sportieve, stoere verschijning met donkere krullen en goede benen, een fikse portie humor en genoeg intelligentie. Jacob en ik zouden beginnen met daten. Maar al gauw zou het serieus worden en zouden we nadenken over een gezamenlijke toekomst met aanvankelijk studeren in het buitenland en wereldreizen maken en later dat huis in de bossen met hond en geitjes. En kinderen natuurlijk. Ik wilde jong moeder worden, want dan zou ik als midden veertiger 'klaar zijn' en nog een heel leven voor me hebben, zodat ik in de voetsporen van David Attenborough kon treden. Ik zag het helemaal voor me. Ik moest alleen nog iemand vinden die het daar volkomen mee eens was.

Op de betreffende zaterdagavond leverde het stappen wel wat op. Niet dat hij zo op het eerste gezicht de prins op het witte paard was, maar hij rook naar vakantie en oogde sympathiek. Hij had kort zwart haar, lichtbruine ogen, een vriendelijk gezicht en een atletisch lichaam. 'Goh,' dacht ik, 'wat een aardige verschijning ... dat lijkt me eigenlijk wel een heel goed idee voor mij.'

Hoe wij exact lijfelijk samenkwamen in the Warhol in de Peperstraat is mij ontgaan, maar ongetwijfeld ging het initiatief van mij uit. Dat is gewoon dé manier met Nederlandse mannen, al bleek dit een Tunesiër te zijn. Ik heb nooit geduld voor dat nutteloze loeren over en weer en vraag daarom gemakshalve altijd op de man af of een gezamenlijk drankje een idee is.

Volgens mij hebben vrouwen het als gevolg van het doorgeslagen feminisme, volledig aan zichzelf te danken dat mannen geen stap meer in hun richting durven te zetten. Een halve beweging richting een vrouw en de man wordt acuut belachelijk gemaakt. Als hij niets onderneemt, is het ook een lul. Mannen denken dat zij moeten leren 'hoe vrouwen met succes te benaderen', en dat is op zich prachtig. Maar laatst las ik iets over een verleidingcursus voor mannen, inclusief goede openingszinnen en krikgarantie. Er zijn grenzen.
Tip: na innig oogcontact (voorwaarde!) stel je je lekker luchtig op, stap je regelrecht op je target af en zegt: 'Nou, wat leuk dat jij hier bent!'

Het was een onderhoudende avond met Tunesiër. Maar om direct een man mee te nemen naar mijn kamer twee straten verderop zag ik, sufisticaat als ik ben, niet zitten. 'Ik ga!' riep ik middenin een partijtje innig gezoen. 'Wanneer zie ik je weer?' vroeg Tunesiër. 'Aanstaande donderdag om twaalf uur in deze toko', zei ik stoer, hoewel ik mij (jong maar alles behalve naïef) al zag zitten wachten op een figuur die nooit van plan was moeite voor mij te doen, laat staan langer dan vierentwintig uur te onthouden dat ik ook nog op deze aardkloot rondliep.

Die donderdag stapte ik, hip als ik ben, kwart over twaalf the Warhol binnen en daar stond verbazingwekkend genoeg Tunesiër met twee Pasõa-jus op mij te wachten. We kletsten wat, dansten een beetje en al gauw zat ik klem tussen een ijzeren stang die aan de muur bevestigd zat en zijn imposante lichaampje, vurig kussend. Op een gegeven moment ging het toch wat richting SM met die stang. 'Zullen we ergens anders heen gaan?' stelde ik voor. 'Wat dacht je van de Drie Gezusters?' fluisterde Tunesiër in mijn oor.

'Ergens anders heengaan' is in 99,9% van de gevallen een code om het vertier in een wat huiselijkere omgeving voort te zetten. 'Nu we toch langs mijn huis lopen...,' opperde ik toen we via een absurde omweg halt hielden voor mijn voordeur, 'vind je het misschien een idee om mijn kamer te zien?' Zogenaamd verrast knikte Tunesiër enthousiast ja.

Vaak hoor je van die rampverhalen over de eerste keer. Daar ga ik nu niet mee aankomen, want het was best in orde. Het naspel was wat minder vermakelijk. Nog geen minuut nadat Tunesiër een stukje van zichzelf in een rubberen voorwerp had gedeponeerd, moest hij me wat vertellen. 'Ik wil je graag weer zien. Je bent een mooi en bijzonder meisje,' zei Tunesiër, 'maar ik heb een vriendin.' Hij wachtte op mijn reactie, maar ik wist niet wat ik met deze informatie moest. Op de één of andere raadselachtige wijze kwam zijn mededeling niet als een verrassing.

'Mijn vriendin is politieagente en heeft mij naar Nederland gehaald', vertelde hij. 'Zij onderhoudt mij, dus ik kan deze relatie niet verbreken.' Ik was blij dat ik niet de politieagente was die zich thuis afvroeg waar haar mystieke Afrikaan bleef. 'Volgens mij is het tijd om op te stappen', zei ik afstandelijk toen hij nog wat napruttelde. Tunesiër stond te popelen om het pand te verlaten, te zien aan zijn onophoudelijk gefriemel aan zijn jas. Hij stond resoluut op en snelde er vandoor.

De volgende ochtend stond ik in alle vroegte op mijn dooie gemak appels te wegen bij de Super de Boer. In de rij voor de kassa vroeg ik me af of ik voortaan meer op mijn hoede moest zijn. Misschien moest ik in het vervolg meteen maar vragen of er sprake was van absurde relatiecontructies.

Ik liep op mijn teenslippers naar buiten, de zon scheen en het was de KEI-week. Ik kon alles aan.

## 2. Oude Bekende

*'Stel dat' is dood, of eigenlijk heeft het nooit bestaan.*
Lucie Vriesema

En zo begon ik wat af te tasten in mannenland. Totdat ik Eerste Echte Liefde ontmoette. Een gespierde, intelligente jongen met weelderige donkere krullen. Eerste Echte Liefde en ik namen onze relatie serieus. We gingen na enkele maanden samenwonen in mijn kleine schipperswoning aan het Damsterdiep in Groningen, dat ik in mijn tweede studiejaar had betrokken. In de weekenden bezochten we wederzijdse familie en deden we uit de doeken of we zouden trouwen en zo ja wanneer, hoe en waar. Wanneer en hoeveel kinderen we zouden krijgen. Hoe we ze zouden noemen en wanneer we ze waar en hoe zouden opvoeden

Na drie jaar besefte ik dat Eerste Echte Liefde en ik nooit fundamentele, filosofische en fabuleuze gesprekken voerden en dat ik dat misschien best heel belangrijk vond in een relatie. Eerste Echte Liefde besefte vervolgens dat hij wilde flirten, flierefluiten en freewheelen. Dat viel rauw op mijn dak. Liefdesverdriet is geen grap. Het akelige is: je moet het uitzitten. Op een gegeven moment zijn de tranen op en worden de zinnen weer verzet. Zolang dat niet het geval is, kun je weinig doen. Natuurlijk wel werken, vrienden bezoeken, op vakantie gaan en bijvoorbeeld sporten, maar dus niet gelukkig zijn.

Na de pabo besloot ik psychologie te gaan studeren. In het eerste jaar van mijn studie ontmoette ik tijdens het uitgaan een oude bekende. In onze jeugdjaren waren wij alles behalve goede vrienden. Oude Bekende was namelijk een regelrechte pestkop en omdat ik mij als kind voornamelijk bezighield met rechtvaardigheid, klikte het tussen ons in geen velden of wegen. Tijdens onze reünie werd het samenzijn echter behoorlijk amicaal, maar een lekkere kerel vond ik Oude Bekende niet bepaald. Terwijl de meeste vrouwen letten op verzorgde handen, kekke schoenen en een trendy outfit, keek ik naar de gespierdheid in benen en achterwerk, om vervolgens te checken of hij donker krullend haar had. Een ultra-vrouwelijke benadering van hoe ik vond dat een man er moest uitzien, was het niet. Misschien had ik teveel testosteron. Oude Bekende had dunne benen en armen en stijl blond haar, hippe schoenen en verzorgde handen.

Na onze eerste ontmoeting nodigde Oude Bekende mij uit voor een kanovaart op de Groningse wateren. Dat was een kort tochtje, althans voor mij. 'Waar was je?' vroeg Oude Bekende toen hij vermoeid aan kwam peddelen, terwijl ik al een half uur in de zon lag te relaxen. 'Gewoon een eindje vooruit', antwoordde ik luchtig. Oude Bekende sleepte de kano hangend en wurgend uit het water en plofte naast mij neer. Enerzijds voelde ik me heel stoer, anderzijds vond ik mezelf een sukkel dat ik het kennelijk nodig had om hem op zijn nummer te zetten. Oude Bekende liet zich niet uit het veld slaan en begon een gesprek over vrienden van vroeger, de eisen waar een vriendschap aan moet voldoen, ouders en cavia's. Oude Bekende was zo'n type waar je onafgebroken zinnig mee kon praten.

'Goh,' dacht ik, 'aan de lopende band fundamentele, filosofische en fabuleuze gesprekken ... dat lijkt me eigenlijk wel een heel goed idee voor mij.'

Maar al gauw bleek dat Oude Bekende als een langspeelplaat vastliep op onverwerkte passages. 'Ik moet je iets vertellen', zei hij na een avondje theaterbezoek. 'Hij heeft vast een vriendin', flitste het door mijn hoofd, 'of een heel scharrelnetwerk incluis een setje soa's.' 'Twee jaar geleden', begon Oude Bekende, 'heb ik een sociale fobie-aanval gehad tijdens een theaterbezoek en sindsdien slik ik medicatie om mijn angsten te temperen.' Ik wilde er voor hem zijn, alles aanhoren en oplossingen verzinnen.

Af en toe voelde ik me net een psycholoog, maar daar studeerde ik voor, dus dat scheelde. Na alle serieuze gesprekken was er soms tijd voor wat pret. Maar met handje drukken kon Oude Bekende maar niet van mij winnen. Ik begon me steeds meer de man in het geheel te voelen. Daarnaast had ik mijn twijfels over zijn geaardheid. Nu had ik in een tijdschrift gelezen dat homo's in een relatie, boven hetero's en tenslotte lesbiennes, de meeste seks hadden, maar van een hoge seksdrive merkte ik bar weinig. Toch verdacht ik hem ervan homo te zijn en voelde ik me een man ten opzichte van hem. In werkelijkheid hadden wij natuurlijk een heterorelatie en was ik nog steeds een vrouw. Wat ook continu in mijn hoofd rondspookte was de vraag of Oude Bekende misschien een *rebound*-man was, een tegenreactie op mijn woest aantrekkelijke Eerste Echte Liefde, waar geen diepgaand gesprek mee te voeren viel.

De twijfel sloeg genadeloos toe. Dus dan gooi je er een romantisch etentje met kaarslicht tegenaan om er toch nog wat van te maken. 'Het is altijd zo relaxed met jou', zei Oude Bekende tijdens het diner. 'Jij kunt zo goed luisteren.' Na het eten maakten we in jazzcafé de Spieghel in de Peperstraat kennis met elkaars vrienden en die vonden ons toch 'een partijtje een leuk stel'. Wijze Vriendin en Homovriend waren er ook. Wijze Vriendin en ik kenden elkaar van groep drie van basis-school de Swoaistee in Groningen. Wijze Vriendin was inmiddels opgeklommen tot tweedejaars rechtenstu-dent, maar wilde stoppen met haar studie en verhuizen naar Amsterdam om daar antropologie te studeren. Ho-movriend en ik kenden elkaar van de opleiding psycho-logie. Ook hij ging stoppen met zijn studie en verhui-zen naar Amsterdam om daar televisiewetenschappen te studeren.

Geheel afzonderlijk van elkaar gaven ze aan Oude Bekende een aangename verschijning te vinden. Wijze Vriendin: 'Leuke kerel, zeg!' Homovriend: 'Stuur maar naar mij door als het uit is.' Destijds deed dat me wat. Opeens vond ik Oude Bekende ook een geweldige vangst. Tot we thuis kwamen bij mij, want hij woonde nog bij zijn ouders, en hij naakt door de kamer liep met een beschermend handje voor zijn geslacht. Al heeft een man een lullig speldenknopje tussen zijn spille-benen prijken, wanneer hij loopt alsof hij er drie vibre-rende Tarzans heeft hangen, kan het nog best een op-windend tafereel worden.

Kort samengevat: ik zag het niet meer zitten met Oude Bekende. 'Toch begrijp ik het niet helemaal', zei Wijze Vriendin toen ze mij op een zaterdag een bezoekje

bracht, 'Je wilde diepgang en nu is het weer niet goed.'
'Tja,' murmelde ik, 'stom hè?' 'Laat het samenzijn gewoon een tijdje oordeelloos de revue passeren', suggereerde ze. Dat deed ik. Tot wij op een vrijdagavond expres vroeg naar bed waren gegaan. Na wat te hebben gelezen, kwam ik aanzetten met mijn zin. 'Zullen we gezellig TV kijken?' stelde Oude Bekende voor. Ik kon veel aan, maar dit was de limiet.

Anderen vinden het misschien van ondergeschikt belang, maar uiteindelijk heb je alleen met jezelf te maken. Iemand woest aantrekkelijk vinden en een ongeveer evengrote zin hebben, vind ik een voorwaarde tot succes. Je vrouw voelen des te meer.

Nadat ik het had uitgemaakt, deed ik de grote schoonmaak. Op een ezelsoortje van een tijdschrift had Oude Bekende een krabbel achtergelaten die ik nooit eerder had gelezen.

*Zullen we morgen lekker neuken?*
*X*

# 3. Maori

*To te ware tona patu he kai. (Iemands karakter is zicht-baar door de wijze waarop hij eet.)* Maoriaans gezegde

De studie psychologie was in geen enkel opzicht dat wat ik me ervan had voorgesteld. Het was massaal, saai, vele uren stof absorberen en sponsmatig uitwringen tijdens tentamens. Tot overmaat van ramp diende ik allerlei ingewikkelde statistische formules te verklaren, terwijl ik in drie havo mijn wiskunde al had laten vallen. Kon ik hier later mensen mee helpen? Het had er niets van weg. Ik besloot te stoppen en ging op reis naar Australië en Nieuw-Zeeland. Australië ontdekte ik in mijn eentje, Nieuw-Zeeland met een gezellige reisgenote. Reisgenootje en ik zouden vijf weken gaan rondtrekken en daarna terugvliegen naar Sydney. Bij aankomst in Christchurch (Zuider-eiland) schaften we een auto aan, om daarmee rond te reizen. In de laatste week van onze trip wilden we hem verkopen in Auckland (Noorder-eiland). Het werd een oude Toyota stationwagon, in een vieze diarreekleur. Hij had moeite met bergen en zoop olie als geen ander, maar hij was ruim zodat we er in konden slapen. Gratis dus.

Als backpacker is *gratis* niet alleen het mooiste wat er is, het is van levensbelang. Argeloos achtergelaten douchegel, een rol toiletpapier, maar ook boeken, uitgelezen tijdschriften of een vergeten shirtje zorgden voor euforische momenten. Het mooiste was de gedeelde koelkast in hostels. Hier kon je voedsel achterlaten als je verkaste, zodat anderen er ook wat aan hadden. De bedoeling was dat je eens een keer een product gebruikte, maar ik nam het niet zo nauw en maakte van de leftovers luxueuze drie gangen menu's. Het klinkt allemaal erg armoedig en dat was het ook. Om hier niet mee geconfronteerd te worden, had ik al weken niet naar mijn saldo gekeken. Toen ik plotsklaps niet meer kon pinnen in Nieuw-Zeeland had ik een probleem. Gelukkig schoot Reisgenootje mij te hulp.

De reden om in Australië en Nieuw-Zeeland te gaan reizen was niet alleen om in een ogenschijnlijk minder ingewikkelde samenleving terecht te komen. Ik wilde tevens uitzoeken of ik hier misschien wilde wonen. Wellicht vond ik een baan of liep ik een Aboriginal tegen het lijf en zou ik de rest van mijn leven doorbrengen in Arnhem Land. Het werd geen Aboriginal, maar een Maori in Nieuw-Zeeland. Hij werkte als receptionist en manusje-van-alles in het hostel waar Reisgenootje en ik verbleven. Maori was vriendelijk en zacht. Hij had wat weg van L.L. Cool J., maar dan zonder dat onwel makende lipgelik. Maori was vooral buitengewoon relaxed.
'Goh,' dacht ik, 'buitengewoon relaxed ... dat lijkt me eigenlijk wel een heel goed idee voor mij.'

Op de laatste avond in Nieuw-Zeeland vroeg hij mij mee uit. We gingen dansen in een hippe club, waar jonge Maorivrouwen elkaar opjutten om de show te stelen op de dansvloer. Afgunst, haat en nijd waren nergens te bekennen. Dit in tegenstelling tot het gedrag van vrouwen op de Groningse dansvloeren. Met regelmaat was ik daar van verhogingen geduwd, had iemand een sigaret op mijn arm uitgedrukt en kreeg ik scheldwoorden naar mijn hoofd geslingerd.

Het was een onvergetelijke avond in Auckland. Samen met Maori was het fatsoenlijk sexy. Na enige tijd verlieten wij de danstent en gingen naar een tweepersoonskamer in het hostel waar ik verbleef. Het was vermakelijk. Geen focus op homeruns, wat Maori des te meer sierde. De volgende ochtend vertrokken Reisgenootje en ik in alle vroegte naar het vliegveld om vanaf daar terug te keren naar Sydney.

Ik dacht dat ik Maori nooit meer zou zien en voelde een lichte verkramping in mijn hart, maar iets verwachten van een man tijdens een vakantie of reis had ik in de loop der jaren over de heg geflikkerd. De auto verkochten we op de valreep voor een puik bedrag, waardoor ik weer geld te besteden had. Desondanks zou ik in Sydney meteen aan de bak moeten en daar was ik enorm aan toe. Lang nietsdoen is een kunst die ik me nooit eigen heb kunnen maken.

Na een week Sydney ontving ik een e-mail van Maori.

Dear Elia,
How are you doing in Sydney? Did you find work? I've had a great time with you! And since my holiday is starting soon, I wondered if you would like me to visit you ...
Love, Maori

Wat een passie, sensatie en verrassing! Maori had in Auckland al geroepen langs te willen komen, maar goed je kunt altijd van alles roepen. Ik mailde onmiddellijk dat het me leuk leek, waarop hij schreef van alles met mij te willen ondernemen, zoals vrienden bezoeken en mij voor te stellen aan zijn familie in een buitenwijk van Sydney. Voorstellen aan zijn familie in een buitenwijk van Sydney? Opeens benauwde het me. Ik had een hulplijntje nodig en belde Wijze Vriendin.

*'Hej Wijze Vriendin, hoe gaat het daar in dat rotweer?'*
*'Prima! Hoe is het met jou?'*
*'Op zich goed.'*
*'Op zich? Dat klinkt niet best.'*
*'Ik had je toch gemaild over Maori? Hij komt naar Sydney.'*
*'Wauw, wat leuk!'*
*'Ja?'*
*'Tuurlijk is dat leuk!'*
*'O.'*
*'Niet dan?'*
*'De actie is op zich natuurlijk geweldig.'*
*'Ja! Ik bedoel, zoiets is mij nog nooit overkomen: een man die speciaal voor mij het vliegtuig in stapt ... fantastisch toch?'*
*'Ja.'*
*'Wat is er dan?'*
*'Ik weet niet hoe leuk ik hem vind en dan moet ik ook nog mee naar familie in een buitenwijk van Sydney.'*
*'Ho, ho, ho, je kunt eerst eens de moeite nemen om hem te leren kennen misschien? Je vond hem toch aantrekkelijk?'*
*'Ja.'*
*'Nou, dat is stap één. En verder: je MOET niks. Gewoon lekker genieten!'*

Wijze Vriendin had, zoals gebruikelijk, gelijk. Ik was niemand iets verschuldigd of verplicht. Bovendien waren Wijze Vriendin en ik van mening dat passionele zetten, ter bevordering van het initiatief nemen van de man, met groots enthousiasme beloond moesten worden.

Ook al was ik van mening dat ik niets te bieden had en twijfelde ik over hoe leuk ik Maori vond. Bovendien was ik een blutte werkende vrouw die continu raadselachtig moe was.

Ik zou Maori vrijdagochtend van het vliegveld ophalen. Op donderdagavond kwam ik thuis van een dag hard werken in een restaurant. Ononderbroken was ik in de weer geweest met vuile borden, veeleisende klanten en het sussen van een ruzie in de keuken. Uitgeput staarde ik met doodse blik naar de televisie. Tegen een uur of acht werd er aan de deur geklopt. Verbaasd, maar vooral superduf, opende ik met ontploft haar en een half afgezakte joggingbroek de deur. '*Hi sweetheart*', zei Maori en hij overhandigde mij een bosje roze rozen. Elke andere vrouw zou een gat in de lucht hebben gesprongen, maar ik had daar net iets teveel knoflook voor gegeten en bovendien nog niet gedoucht. Maori zat echter op een roze wolk en ik deed voor de vorm halfslachtig mee.

Voordat het tot me doordrong dat mijn leven er vanaf nu heel anders uit ging zien, verkasten wij naar een tweepersoonskamer met keuken en badkamer. 'Ik moet niet zo ontevreden zijn en me gelukkiger voelen', beet ik mezelf toe. Dezelfde avond struinden we door Kings' Kross, de meest banale straat van Sydney. '*Hold it, right here*', grapte Maori. We hielden halt bij het zoveelste eettentje, omdat hij wéér moest eten. Begrijp me niet verkeerd: ik kick op een man met een gezonde portie eetlust. Maar niet wanneer hij vies én met volle mond loopt te vreten alsof zijn leven er vanaf hangt.

'Raap jezelf bij elkaar', sprak ik mezelf toe. 'Er is een man voor jou in een vliegtuig gestapt, dus zeik niet over onbenulligheden.'

We eindigden in een travestietenbar, waar Maori werd versierd door twee mannen en ik stiekem dacht: 'Neem mee die handel!' Om een uur of twee lagen Maori en ik in bed. In de e-mailuitwisseling die voorafging aan onze ontmoeting had ik hem, gezien mijn soa-hypochondrie (maar daarover later meer), met nadruk gevraagd een soa-onderzoek te laten doen. Dat had hij gedaan en hij was zo fris als een hoentje. Om iets bijzonders te maken van onze eerste echte nacht, had ik de kamer versierd met vijftig waxinelichtjes. Misschien wordt deze nacht zo aangenaam, dacht ik bij mezelf, dat al mijn ergernissen in rook opstijgen. Twee minuten later besefte ik dat het er niet in zat.

De volgende dag moest ik werken. Ondanks het bewolkte weer was Maori met een vriend gaan surfen. Op mijn werk checkte ik mijn mails. Reisgenootje had me een bericht gestuurd.

Hi Elia,
ben benieuwd hoe het is met je lover! Hier in Melbourne gaat het goed. Woon nu tijdelijk bij Jack...wie weet blijven wij allebei wel down under bij onze mannen ☺! Veel plezier en greetz aan Maori,
x Reisgenootje

Hej Reisgenootje,
Wat leuk om wat van je te horen. Spannend dat je nu 'samenwoont' (jaja) met Jack en vooral dat het zo leuk is samen! Hier gaat t wel ok, ben op 1 of andere manier

niet laaiend enthousiast. Misschien moet ik nog wat wennen ofzo. Laten we in elk geval afspreken dat als ik down under blijf met Maori jij hier ook blijft wonen☺!
X Elia

's Avonds kookten we samen in de tuin en maakten we praatjes met andere reizigers. Ik deed hard mijn best me aangenamer te gedragen. Op dag drie gingen we picknicken in de Botanical Gardens, met uitzicht op het Operahouse en het water. Die enscenering was zo romantisch, dat het romantisch was, hoewel Maori zich weer (al smakkend) compleet overhoop at aan een selectie worsten en kazen en een grote tros druiven. Op de vierde dag moest ik eraan geloven: we gingen naar zijn familie in een buitenwijk van Sydney. Na een uur reizen met de metro, stapten we uit. De straatverlichting was schaars. De sterren waren goed te zien. 'Ik kan nu nog wegrennen', flitste het door mijn hoofd. '*It's just a few blocks away*', zei Maori. Graffitti, troep, afgebladderde verf, verlaten steegjes: ik was blij dat ik hier niet alleen liep.

Niet lang daarna stapten we een huis binnen vol kinderen, nichten, neven, tantes en tv's. Ik werd vriendelijk ontvangen, maar voelde me niet op mijn gemak. Het lijkt wel alsof we volgende week gaan trouwen, dacht ik. Maori's broer was immers al met een Nederlandse getrouwd. '*Why weren't you here for diner?*' vroeg zijn tante streng. Maori legde uit dat ik overdag moest werken. '*Family is more important then work*', zei zijn tante tegen mij en ze gebruikte een wijzend vingertje om de belangrijkheid van haar opmerking te benadrukken. Na anderhalf uur doof getoeterd te zijn door jengelende kinderen en luidruchtige sterke verhalen van de oudere generatie, had ik het meer dan gezien. '*Shall we go?*' stelde ik Maori fluisterend voor, '*I've to work quite early tomorrow.*' Vervolgens duurde het nog een dik uur voordat we gedag zeiden.

Op dag vijf gingen we na mijn werk een fiks partijtje sporten. Door mijn aanhoudende moeheid was ik zo slap als een vaatdoek, maar ik was van mening dat het afgelopen moest zijn met die slampamperij van mij. We zouden eerst hardlopen en daarna zwemmen. Het gespierde rugby-lichaampje van Maori vloog meters voor mij uit, wat bevestigde dat ik er als een zak stuk-gekookte aardappelen bij liep. Hij begon me zelfs een beetje te jennen, zodat ik de rest van de route lopend afmaakte. Mannen die de behoefte hebben met mij fysieke competitie aan te gaan, vind ik aandoenlijk. Aandoenlijk vind ik geen positieve eigenschap. Het zwemmen ging geen steek beter. Ik was helemaal slap. Maori knalde gedreven door, terwijl ik een omkleed-hokje opzocht.

Op dag zes bezochten we de Sydney Zoo. Bij de entree hingen spiegels, waarin ik zag dat Maori en ik een knap stel vormden. Maar tijdens het turen naar een rode pan-da wist ik zeker dat dit de eerste en laatste keer was dat ik met Maori een dierentuin bezocht. En toen we bij de reptielen onze neuzen tegen de ramen drukten, wist ik zeker dat wij op geen enkel ander moment ooit samen onze neuzen tegen wat voor glasplaat dan ook zouden drukken.

Op de zevende dag gingen we 's avonds wat drinken. Het werd een idyllisch terrasje met bloemen om ons heen en uitzicht op een stel kleurrijke huizen. En daar op die hemelse plek hadden we het op een gegeven moment over God. Nu geloof ik niet in God. Maar als iemand anders dat wel doet, moet hij dat zeker doen zolang hij mij er maar niet mee lastig valt. '*Everybody is a sinner!*' riep Maori. '*Even babies?*' vroeg ik hem. '*Everybody!*' Uit het niets riep hij dat abortus een zonde was, dat euthanasie een zonde was en dat eigenlijk alles een zonde was. Ongelovigen gingen volgens Maori naar de hel. Maori bijbelde nog wat door tot het moment dat ik hem afkapte. '*What about sex before marriage?*' Maori glimlachte. '*If that's a sin I don't understand why you came to Sydney to visit me*', zei ik. Maori nam een slok cola en prikte een olijfje naar binnen. '*I came to Sydney for lust, I suppose*', antwoordde hij met een smoezelige grijns. Ik verliet het terras zonder te betalen, liep naar het hostel, trok mijn kleren uit en deed alsof ik sliep. Liever was ik meteen vertrokken, maar waar moet je heen om elf uur 's avonds? Even later kwam Maori aanzetten met smeekbedes en liefdesverklaringen. '*Forget about it*', zei ik geërgerd en ik maande hem tot slapen. De volgende dag zou Maori gaan surfen. '*I'm a little ill, I think I'll stay with you today*', zei Maori. Ik loog dat dat geen zin had, aangezien ik moest werken. Hij pakte zijn surfspullen bij elkaar. Maar nog voordat Maori vertrok, liep ik de deur uit om bij Starbucks een moccacino te bestellen en pas terug te keren na zijn vertrek. In de verlaten kamer overviel mij een semi-*sleeping with the enemy*-gevoel. Nooit eerder pakte ik zo snel mijn tas.

# 4. Kalme

*Hopend op mooie dingen, hopen mooie dingen zich op.*
Loesje


Na tien maanden *down under* te hebben rondgereisd, vond ik het tijd voor een serieus leven met bijbehorende serieuze relatie. Maar om te beginnen wist ik nog altijd niet wat ik wilde met de rest van mijn leven, tenminste het gedeelte waar ik wel invloed op had. Ik had de pabo afgerond, maar zag mij niet voor de klas staan. De studie psychologie had ik afgekapt. Ik wilde verder, meer, hoger, beter, interessanter, mooier, succesvoller, afwisselender, maar ondertussen was mijn banksaldo om te janken. Om dit nieuw leven in te blazen besloot ik een aantal maanden als een dolle geld te verdienen. Via via kon ik als vip-chauffeur aan de slag, wat inhield dat ik belangrijke figuren van A naar B moest rijden in een luxueuze Mercedes. Mijn salaris bleef praktisch onaangeroerd. Ik had bovendien geen vaste lasten, omdat ik mijn huis voor een jaar verhuurd had en voorlopig bij familie in Groningen woonde.

Op een avond ging ik zoals gewoonlijk stappen. Zodra ik hem zag, werd ik verblind door zijn opvallende verschijning: sterke benen, een goede kont en donkere krullen. Hij bleek een oude studiegenoot geneeskunde van Eerste Echte Liefde te zijn. Ik vroeg zijn nummer. Een week later gingen we samen de stad in. Hij was een rustig type.
'Goh,' dacht ik, 'een kalme man. Dat is eigenlijk wel een heel goed idee voor mij.' Voorzichtig werd het wat tussen Kalme en mij, maar al het begin is fragiel.

Een terugkerend probleem voor Kalme was de wetenschap dat ik gedurende drie jaar een relatie had gehad met een voormalig studiegenoot van hem. 'Wat maakt dat nou uit!' riep ik steeds. 'Ik vind het gewoon raar', zei Kalme. 'Is dat een reden om te kappen?' vroeg ik hem. 'Kappen is wel een beetje overdreven, maar ik vind het ten opzichte van Eerste Echte Liefde een kutzet', legde Kalme uit. Voor mij was het über-uit met Eerste Echte Liefde, maar Kalme zag mij nog steeds als 'de vriendin van' en daar was ik mooi klaar mee. 'Hij heeft allang een nieuwe relatie', gooide ik er nog een schepje bovenop. Want dat flirten, flierefluiten en freewheelen van Eerste Echte Liefde bleek één avond stappen te zijn, waarop hij zijn nieuwe vlam leerde kennen, waarmee hij inmiddels al jaren samenwoont in een Vinexwijk in Amersfoort.

Afgezien van deze terugkerende discussie was het lekker rustig met Kalme. Gemoedelijk. We ondernamen veel leuke dingen. We reden wat rond in de auto van zijn ouders, gingen zwemmen en fietsten heel wat af. Tijdens een van onze fietstochten bezochten we mijn oma in Paterswolde. 'Ja, doei El', zei ze toen we binnenkwamen. 'En wie is dat?' vroeg ze toen ze zag dat ik niet alleen was. Ze frummelde meteen aan zijn jasje. 'Dat is Kalme', zei ik. 'Aha, dit is dus die kennis van je. Leuk!' riep ze. 'Zullen we in de kamer zitten?' vroeg ze. Koffie en koek werden uit de keuken gehaald en neergezet op de donkerbruine salontafel. 'Zo,' begon oma en ze streek wat kruimels van haar rok, 'dit is dus die kennis.' 'Ja', zei ik, een beetje ongemakkelijk. 'Hij heeft wel een dikke kop, hè?' Ik hield de boerencake op het nippertje binnen, terwijl Kalme een rood hoofd kreeg. 'Leuke vent, hoor, El. Énig!' zei oma half fluisterend, toen hij zijn fiets uit de garage haalde. 'Het is wel een flapuit die oma van jou', zei Kalme op de terugweg. 'Geweldig, hè!' lachte ik. Kalme reageerde niet.

Na een maand stelde ik voor om allebei een soa-test te doen. Dat gekloot met rubber was ik vanaf dag één al zat. Kalme vond het een goed idee. In werkelijkheid wist ik allang dat ik niets onder de leden had. Ik lijd namelijk aan een soa-hypochondrie.

Midden jaren negentig wapperden de reclames over veilig vrijen mij om de oren, zodat ik elke man verdacht van een hiv-besmetting. Elke vrouw zou mijns inziens chlamydia hebben en daardoor, zonder het in de gaten te hebben, onvruchtbaar worden. Druipers, genitale wratten, schaamluis: iedereen zou ten minste één van deze gruwelheden bij zich dragen en grootschalig overdragen. 'Nog even en iedereen sterft aan seks', huiverde ik. Hoewel ik het veilig aan deed, ging er wel eens wat mis. Zo scheurde er bijvoorbeeld eens een condoom. Het kwam ook voor dat ik, midden in een overweldigende vrijpartij plotsklaps zeker wist dat hij bij de exceptionele 0,03% van de bevolking hoorde die niets onder de leden had. Als bleek dat hij toch een ziekte had, dan zouden we oerpassioneel in elkaars armen de dood tegemoet treden. Kortom: ik was nogal dubbel over deze kwestie.

Elke keer als ik vermoedde dat er iets was misgegaan (negenenhalf van de tien keer), zat ik drie weken later bij de huisarts. Mocht er ooit een wereldrecord 'soatests ondergaan' worden opgenomen in het Guinness Book of Records, dan zal ik zonder twijfel op de eerste plaats vermeld staan.

Ik heb alle soorten tests ondergaan. Ik gaf bloed bij de bloedbank (indirecte hiv-check), ik onderging plasbuisonderzoeken en kreeg uitstrijkjes. Tijdens de vijf dagen durende wachttijd voor de uitslag, struinde ik internet af op mogelijke klachten bij bepaalde soa's en dacht ik dat ik ze allemaal had, inclusief druiper. In werkelijkheid had ik nooit een kwart klacht. Met de allergrootste verbazing hoorde ik de doktersassistent na vijf werkdagen (wéér) vertellen dat ik geen hiv, chlamydia, gonorroe noch genitale wratten had. Man, ik word gewoon zesennegentig, dacht ik dan bij mezelf, terwijl ik al een maand bezig was met het opstellen van mijn testament, mijn begrafenismuziek had uitgezocht en een uitgebreid reisplan had uitgestippeld voor de drie jaar die ze me hooguit zouden geven.

Het ultieme drama van mijn soa-hypochondrie speelde zich af toen ik tijdens mijn Australiëtrip de oostkust afreisde, van Sydney naar Cairns. In Sydney voelde ik me al slamperig. Vaak kwam ik geen trap op en dat terwijl ik de gewoonte had elke dag minimaal een half uur hard te lopen. Ik werd moe van het minste of geringste en sliep twaalf uur per nacht. Een dag voor vertrek richting het noorden, besloot ik op de valreep een arts te bezoeken. Hij nam bloed af en ik zou de resultaten een week later telefonisch kunnen opvragen. Zeven dagen later was ik in Brisbane. Het regende en terwijl ik met een paraplu door de straten liep, werd ik gebeld door de arts uit Sydney. Hij wilde mij niet vertellen wat er precies aan de hand was. Ik moest van hem als de neten naar een arts in Brisbane gaan, waar de resultaten van het bloedonderzoek naartoe gefaxt zouden worden.

Vervolgens zou de arts in Brisbane uitleggen wat voor ernstigs ik onder de leden had. Mijn paraplu viel uit mijn handen en waaide weg. Ik strompelde aanvankelijk stoïcijns, maar niet veel later zwaar hyperventilerend door de stad op zoek naar een arts. Mijn laatste uur heeft geslagen, flitste het door mijn hoofd. Ik zal hier sterven aan hiv, wist ik zeker. Ik red het niet eens om thuis te komen, zo fataal en hardnekkig is deze variant.

Volledig stuk arriveerde ik bij een arts. In paniek vertelde ik hem wat de arts uit Sydney mij had meegedeeld. Ik moest plaatsnemen in de wachtkamer, terwijl de doktersassistente zou zorgen voor het overbrengen van de resultaten via de fax. Na enige tijd werd ik naar binnen geroepen. Verward keek hij de papieren in. De arts vertelde dat hij weinig levensbedreigends kon ontdekken. Had de arts uit Sydney misschien een bladzijde vergeten te faxen? Ik moest opnieuw plaatsnemen in de wachtkamer.

Enkele minuten later betrad ik voor de tweede keer de behandelkamer. Ik bleek een soort zusje van de ziekte van Pfeiffer onder de leden te hebben en dat verklaarde mijn vermoeidheid. Geen levensbedreigende ziekte dus, geen hiv. De reden waarom die arts uit Sydney mij de stuipen op het lijf joeg, is mij tot op de dag van vandaag volstrekt onduidelijk.

Vorig jaar vernam ik de reële cijfers betreffende besmette Nederlanders per soa, inclusief hiv.

Had ik mij hier zo idioot druk over gemaakt? Natuurlijk vormde dit en probleem, maar niet van mensheid-
bedreigende proporties. Wat had ik mij jaar in jaar uit
gek gemaakt met doktersbezoeken, allerlei testen en
hysterisch googelen.

Kalme en ik bleken niets te mankeren. Dat wilde ik
vieren. En niet alleen dat heugelijke feit, ik kon eindelijk mijn huis aan het Damsterdiep weer in. 'Wat een
goed nieuws!' zei hij. 'Laten we het morgenavond bij
mij thuis gaan vieren met wat lekkere hapjes en een

mooie fles wijn', stelde ik voor. Dat vond Kalme een goed idee. Ik zou de volgende avond pas laat klaar zijn met chaufferen. Om acht uur belde ik hem dat we rond half tien zouden kunnen afspreken bij mij thuis. 'Ik voel me een beetje ziekjes', zei Kalme aan de telefoon. 'Zullen we morgen afspreken?' Ik vroeg of het ernstig was, of ik iets voor hem kon betekenen. 'Bovendien zit ik net een documentaire te kijken over Prins Claus', zei Kalme. Ik hing op.

In mijn hoofd woedde een wervelstorm. Wat een ongelooflijke figuur! Een Sjaak Afhaak! Een koningsgezinde lullo! Kan hij zich dan niet voorstellen hoe heerlijk het voor mij is dat ik na een jaar in een rugzak frutten en twee maanden bij familie bivakkeren, mijn eigen huis weer in kan? Heeft hij geen zin in gezellig samenzijn? Is het zo'n opgave? Hij woont nog geen drie minuten fietsen bij mij vandaan! Zo wordt het natuurlijk helemaal niks met Kalme! Wat een vaatdoek: een beetje ziekjes, beetje ziekjes, sodemieter op met je een beetje ziekjes!

Als ik niet zo rigoureus was geweest dan was ik nu waarschijnlijk getrouwd met een orthopedisch chirurg, wonend in Soest, had ik drie kinderen, twee paarden en een kekke beagle. Maarja, je bent wie je bent en daar moet je het mee doen. Snuivend en tierend, maar vooral ontzettend teleurgesteld, jakkerde ik op mijn fiets naar zijn huis. Wie denkt hij wel dat hij is om mij met zo'n baggerreden af te schepen! Is hij niet goed bij zijn hoofd? Is hij misschien een nog niet uit de kast gekomen homo en stiekem verliefd op Eerste Echte Liefde?

In een oud T-shirt en een versleten boxershort opende Kalme, met verbaasd gezicht, de deur. Op de achtergrond dreunde de levensgeschiedenis van Prins Claus. 'Wil je binnenkomen?' vroeg Kalme. 'Nee!' riep ik ziedend. Vragend keek Kalme mij aan. Met de fiets nog aan de hand barstte ik los:
'Als jij in dit stadium van onze relatie, een documentaire over prins Claus belangrijker vindt dan fijn samenzijn. Dan zet ik er bij deze een punt achter.'

Op een weerwoord heb ik niet gewacht. Ik ging er pijlsnel vandoor.

## 5. Sportman

*Je kunt niet alles hebben. Ik bedoel: waar zou je het alle-maal moeten laten?* Steven Wright

Na vijf maanden chaufferen hield ik het voor gezien. Ik schreef mij in bij de Culinaire Universiteit Gronin-gen (CUG) en ging twintig uur per week werken bij huiskamerrestaurant De Kleine Heerlijkheid aan het Schuitendiep. Op een dag kwam er een meisje in de keuken werken als leerling-kok. Het klikte onmiddel-lijk tussen ons en al gauw gingen we regelmatig op stap. Ook nadat zij naar een andere stageplaats was ver-trokken. Op een avond nodigde ze mij uit het staartje van haar personeelsfeestje bij te wonen, in eetcafé Boven Jan aan de Grote Markt.

Bij binnenkomst viel mijn getrainde oog vliegensvlug op een leuke albino met krullend blond haar. Hij had veel weg van een schaatser. Nadat ik had bijgekletst met Leerlingkok, vroeg ik hem of mijn inschatting klopte. 'Ik ben geen schaatser, maar ik doe wel een sportopleiding', zei Sportman. Dat verklaarde de be-nen. Niet veel later struinden Leerlingkok en ik de kroegen in de Poelestraat af. In de Rumba vroeg ik haar naar Sportman en dan met name naar zijn telefoonnum-mer.

Destijds geloofde ik heilig in 'er een paar dagen over-heen laten gaan', 'onafhankelijk doen', 'niet te gretig toehappen' en in ieder geval de indruk wekken dat je ook nog een eigen leven hebt. Enkele dagen later belde ik Sportman. Hij wilde graag met mij uit. We spraken af om het weekend daarop wat te drinken in de Ugly Duck in de Zwanestraat. Na een halve minuut kwam ik er achter dat Sportman humor had. 'Goh,' dacht ik, 'een man waar je mee kan lachen, dat is eigenlijk wel een heel goed idee voor mij. Dat gezeur over donkere krullen en inhoud. Humor, dat is precies wat ik nodig heb!' Al gauw werd het wat met Sportman en mij.

In iedere beginnende relatie stuit je op irritaties. Als je op een gegeven moment zijn nagelprutsen, boeren en smakken gaat missen als je een weekendje weg bent, dan zit je gebakken. Wanneer zijn nare gewoonten je blijven storen, dan kun je er wat van zeggen. Soms wordt dit positief ontvangen. Als blijkt dat hij niet in staat is zich aan te passen aan jouw tolerantiedrempel, dan moet je beslissen of je het wilt verdragen of dat je er een punt achter zet. Het is zo simpel.

Sportman deed aan balkontuinieren. Dat vond ik in eerste instantie een tikkeltje oudewijvenkoek, maar wel origineel. En vooral lekker, want verse basilicum, tijm en koriander waren altijd voorradig. Als hij zo subliem voor zijn plantjes kan zorgen, dan kan hij dat later vast ook voor onze kinderen, beredeneerde ik. Een wat minder frisse eigenschap van Sportman was dat hij schaamteloos in bed rufte. Laat ik even vooropstellen dat scheten laten menselijk is, maar er is een verschil tussen af en toe een wind laten of de hele nacht fabrieksmatig doorruften. Als ik 's morgens wakker werd, had ik het gevoel in een tot de nok toe gevulde gierput te ontwaken. Toch vond ik overmatig scheten laten geen reden om het uit te maken. Bovendien kon ik er ontzettend om lachen, al was mijn reukorgaan zo aangetast dat ik

42

geen onderscheid meer kon maken tussen een aardbei en een olijf.

Sportman had nog een andere gewoonte in de aanbieding: het rustig aan doen. Dat leek me in eerste instantie eigenlijk wel een heel goed idee voor mij. Op de één of andere manier kon ik mijn bankhang-record van veertig seconden maar niet verbeteren. Een rustige man zou er wellicht voor zorgen dat ik eindelijk eens volop in het nu kon zitten. Helaas kwam ik na verloop van tijd tot de ontdekking dat Sportman niet zozeer alle rust van de wereld uitstraalde, maar dat hij gewoon ontzettend lui was. Ik ging me een beetje zorgen maken. Ik zag mezelf over vijf jaar samen met hem. Hij huisman, ik carrièrevrouw. Bij thuiskomst kinderen overal en nergens, poepluiers tegen de muur en Sportman met wat halters zwetend in de garage.

Ik hield het niet meer en sms'te Leerlingkok voor advies:

> Hej LLK, Alles spanky?
> Vroeg me af of Sportman
> n btje een man is waar je
> wat aan hebt. Anekdotes
> welkom. X Elia

> En dat vraag je mij, Lesbo
> vh 1e uur? Maar OK, heb
> wel ns wat met hem
> ondernomen. X LLK

Gesext bedoel je?
Sportman is mannelijker
dan welke vent ook! Hoe
kun je daar nou mee
omklooien?

Ach, een uitstapje meer
of minder... X

Ok, is ie in elk geval
avontuurlijker dan ik m
had ingeschat. Maar is t
verder n goede kerel, of
wat? X

Hij beft prima☺

Wat had ik er aan anderen te vragen naar dat wat ik zelf
aan den lijve moest ondervinden.

'Zullen we gewoon de eerste de beste trein pakken?'
stelde ik Sportman voor op een vrije dinsdag. 'Ja, dat
lijkt me wel grappig', zei Sportman. 'Reizen met de
trein vind ik goor', vertelde ik Sportman toen we een
eindje op weg waren. 'Waarom?' vroeg hij. 'Al die
vieze, ongewassen mensen die met hun onfrisse hoof-
den tegen hoofdsteunen aanleunen, waar jij dan weer
tegenaan hangt.' Sportman zweeg. 'De bus is ook goor',
zei ik. 'Waarom?' vroeg Sportman. 'Vind jij dat dan
niet ranzig?' vroeg ik vol verbazing. 'Nee, waarom zou

ik dat vies moeten vinden?' vroeg Sportman. 'Als iemand hard hoest, dan dwarrelen die bacillen minutenlang de bus door. Vies toch?' Sportman vond dat ik overdreef. In Delfzijl stapten we uit. We liepen een vluchtig rondje door het centrum van Delfzijl. 'Denk jij wat ik denk?' vroeg Sportman. 'Wegwezen!' antwoordde ik. 'In één keer goed', zei Sportman. In de trein terug was het nogal druk. Scholieren schreeuwden zo hard dat niemand elkaar kon verstaan. 'Wat een irritante kinderen. Laten we ergens anders gaan zitten' stelde ik voor. Sportman vond het best. 'Getver, een jankbaby', fluisterde ik even later in Sportmans oor, 'Verkassen?' Sportman vond het goed. 'Jezus, wat stinkt het hier. Dat is toch niet normaal?' riep ik in de volgende coupé, 'Hier gaan we niet zitten hoor!' Sportman sjokte achter mij aan. 'Wat een belterrorist!' zei ik tegen Sportman, toen we enkele seconden later in de volgende coupé zaten. 'Wat stoor jij je snel aan anderen', merkte Sportman op. 'Vind jij dit alles dan niet vervelend?' vroeg ik. 'Ik zie het probleem niet', zei Sportman nuchter. Ik staarde naar buiten. Was ik dan, zonder dat ik het in de gaten had een zeikwijf geworden?

Op een dag zou Sportman zich culinair voor mij gaan uitsloven. Het was tijd voor zo'n zet, want de laatste weken waren een tikkeltje sloom geweest. Daar waar ik had voorgesteld een weekendje Waddeneiland te doen, uitgebreid te winkelen, zijn balkon te restylen en overdreven uit eten te gaan, hadden we een slappe film gekeken, op twee afgekloven bierkratten op zijn balkon gezeten, een wijntje gedronken in de stad, bij mij thuis gehangen en een ommetje gefietst. Die avond om acht uur werd ik bij Sportman verwacht voor een overweldigende Marokkaanse tahinmaaltijd. Om hem wat meer tijd te geven, belde ik om kwart over acht aan. Het duurde lang voordat Sportman de deur opende. Met een slaapkapsel van hier tot de achtertuin van de buren en een hoofd waar hoognodig een washand doorheen moest, stond hij in slampiepampiehouding voor me. 'Nou, kom maar op met dat Marokkaanse feestmaal!' riep ik uitdagend. 'Ik ben in slaap gevallen', murmelde hij. 'Oké,' zei ik luchtig en keerde huiswaarts. Tot zover tijdperk Sportman.

Laatst zocht ik Sportman op via Hyves. Hij is getrouwd, heeft drie kinderen, woont in een nieuwbouwwijk in Zeewolde en gaat elk jaar met het hele gezin naar dezelfde camping in de Ardèche. Om maar even aan te geven dat het leven ook zo kan gaan.

# 6. Vraagstuk

*Man muss die Welt nicht verstehen, man muss sich in ihr
nur zurechtfinden.* Albert Einstein

Enkele maanden later kreeg ik een relatie met een zeer
energieke jongere jongen, die mij tijdens de eerste date
verleidde met een Italiaans vijf-gangen diner, inclusief
Pavarotti en Siciliaanse wijn. In die tijd was ik in hoge
mate bezig met mijn eigen ambities. Ik wilde culinair
recensent worden, restaurants restylen, bijzondere menu-
kaarten samenstellen en culinaire boeken schrijven. Ik
vond dat mijn plannen te groot waren voor het noorden
en besloot naar de Randstad te verhuizen. Daar had
NRGY Vriend ook wel oren naar. Samen verhuisden we
naar een woonark in Zeeburg te Amsterdam. NRGY
Vriend was niet alleen energiek, hij was gedreven, overal voor in en wilde altijd alles samen doen.
'Goh,' dacht ik. 'Altijd alles samen doen ... dat is precies wat ik al die jaren gemist heb!'
Na een jaar bleek echter dat altijd alles samen doen mij
zo verstikte, dat ik een punt achter de relatie zette.

De woonark à € 950,- huur per maand was een mooi
excuus om mijn workaholicgen niet langer in bedwang
te houden. Vanaf dat moment stond alles in het teken
van werken. Zeven dagen in de week, twaalf uur per
dag. Op zich een aanradertje als je helemaal niets op
mannenvlak wilt beleven. Hoewel mijn hoofd absoluut
niet stond naar lekker op stap gaan met de meiden,
vond ik het welletjes met dat doorgewinterde bejaar-
dengedoe van mij. Het was zaterdagavond. Er moest gezopen en gedanst worden. In mijn spiksplinternieuwe

outfitje stond ik wat halfslachtig te swingen in de Kroon op het Rembrandtplein. Ik houd van wild dansen, maar vriendinnen niet. Tegenwoordig is het namelijk de kunst om op te vallen terwijl je niets bijzonders doet. Dus ik hield me op de vlakte, met van die mini-heup-draaitjes en niet afgemaakte armbewegingen.

Tot ik oogcontact maakte met een superstuk: levendige zwarte krullen, tweedaagsbaardje, donkerbruine ogen, interessante blik. Het kon een Fransman zijn. Of een Nederlandse zuiderling. Of een kruising tussenbeide. Wonderlijk genoeg nam hij het initiatief. 'Heb je zin om een keer écht te dansen?' vroeg hij. Ik vond het knap dat hij zag dat ik me verveelde. Zou dit een in-levingsgezinde man zijn? Een gevoelsmens? Een man die mogelijk eerder een traantje zou laten dan ik? Ik gaf hem mijn nummer, hij vertrok en ik verwachtte niets, dat had ik inmiddels geleerd.

Drie dagen later (*very fashionable!*) belde vanaf nu be-ter bekend als Vraagstuk mij op. 'Zin in een avondje dansen in Panama?' vroeg hij. 'Ik heb vrijkaarten.' Vraagstuk bleek het dj-wereldje goed te kennen en kreeg aan de lopende band vrijkaarten van Jan en alle-man. Dan beloofde Vraagstuk langs te komen en sliep daardoor hooguit vier uur per nacht. Dat had hij zich aangeleerd en daar was hij trots op. Het leek mij ook wel wat om hyperproductief te zijn, maar ik had niet de indruk dat Vraagstuk overliep van levensgeluk. Naast zijn drukke baan, waarvoor hij regelmatig in het bui-tenland was, deed hij een MBA-opleiding, bezocht hij elk weekend zijn familie die op twee uur rijden woon-den en managede hij enkele dj's. Geen tijd voor sport, vakantie, slapen of 'op je dooie gemakkie een partijtje niksen'. 'Het lijkt een vlucht voor het niets. Klopt dat?'

vroeg ik. 'Ik heb gewoon veel energie', antwoordde Vraagstuk. 'Eens per jaar gaat het licht uit', zei hij. Dat klonk vrij heftig. Dat bleek zo te zijn. 'Twee weken lang ga ik plat en slaap ik aan één stuk', vertelde hij. Om deze levensstijl vol te kunnen houden dronk Vraagstuk geen alcohol, wel rookte hij sigaren. 'Ik ben een gelegenheidsroker', verduidelijkte hij.

Aanvankelijk voelde ik me zeer vereerd dat hij ons samenzijn als een gelegenheid interpreteerde, maar Vraagstuk bleek tijdens elke afspraak een sigaar te roken. Ik hou niet van een sigarettenkusje; een sigaren-zoen is nog smeriger. Hoewel mensen mij vaak als hyperassertief zien, was mijn assertiviteit op privé-gebied ver te zoeken. Ik wist gewoonweg niet meer hoe ik op fatsoenlijke wijze mijn wens, ergernis of klacht moest formuleren. Dus zweeg ik.

Tijdens onze eerst date haalde Vraagstuk mij galant op met de auto. Hij liet mij voorgaan, hield deuren open, bestelde drankjes, betaalde alles en vroeg of ik het naar mijn zin had.
'Goh,' dacht ik, 'misschien heb ik al die jaren mijn *gentleman*-wens ontkent en komt het er nu pas uit. Een charismatische *gentleman*, dat is eigenlijk wel een heel goed idee voor mij!'
Het samen dansen was leuk. Vraagstuk kon lekker schaamteloos uit zijn dak gaan. Even later zoenden we hartstochtelijk en omdat zijn sigaar nog geen vuurtje had ontmoet was het een aangenaam samenzijn. Aan het einde van de avond werd ik keurig thuis afgezet.

Bij onze volgende date gingen we naar the Escape op het Rembrandtplein. Door mijn gebrek aan assertiviteit had ik Vraagstuk nog niets verteld over mijn antipathie voor uitgaan. Ik was meer het uit eten-bioscoop-65+-type. The Escape bleek minder hip dan verwacht. Al gauw gingen we naar een kroegje op het Spui waar we vrienden van Vraagstuk ontmoetten. Ik interpreteerde het als een overweldigend positief teken dat hij zich wilde vertonen met mij.

Want mijn intuïtie fluisterde al weer in mijn oor met woorden als 'multi-scharreltype', 'bindingsangst' en een simpel 'wegwezen'. Toen het kroegje leeg liep, stapten we op. 'Waar wil je heen?' vroeg Vraagstuk. 'Laten we naar huis gaan', stelde ik voor, mijzelf verbazend over mijn plots oprukkende assertiviteit. Vraagstuk stemde in, zij het aarzelend. Ik meende zelfs iets van zenuwen bij hem te ontdekken. Thuis rommelden we wat aan, maar het ging niet bepaald flitsend. Na een tijdje viel de luststroom zelfs helemaal uit en zaten we doelloos voor ons uit te staren. 'Waarom vertel je niet gewoon wat er is?' probeerde ik. Vraagstuk wilde zich uit de voeten maken. Ik hield hem tegen. De wereld kent al genoeg raadsels. Hij nam plaats op mijn roodfluwelen koningsstoel. 'Mijn vriendin, ex, ex-vriendin ...' pruttelde Vraagstuk. 'Ja?' moedigde ik aan. 'Die ex-vriendin dus, die is, die is vreemdgegaan en ehh, ja, nu kan ik niet zo goed meer, niet goed, vrouwen niet goed vertrouwen en nu, godverdomme, uit het zich zelfs fysiek!'
Een gevoel van 'laat maar' overviel me, terwijl Vraagstuk het appartement uitvluchtte.

De dag erna werd Klaagvriendin dertig en vierde dit met een etentje in la Vallade aan de Ringdijk in Watergraafsmeer. Klaagvriendin en ik kenden elkaar van het

Werkman College in Groningen, waar we samen in havo vier zaten. Ons contact was verwaterd, maar nadat Klaagvriendin in 2005 ook naar Amsterdam was verhuisd, weer opgepakt. Aanvankelijk vond ik het leuk haar wegwijs te maken in Amsterdam. Ik was even vergeten dat Klaagvriendin altijd klaagt. 'Volgend jaar zit ik hier met een man en dikke toeter, ik zeg het jullie!' riep ze, waarna er getoost werd op haar dertigste verjaardag. Terwijl ze haar cadeaus uitpakte verscheen het voorgerecht op tafel. 'Wat een lekkere vent is dat', zei Klaagvriendin over onze ober en porde in mijn zij. 'Wel wat jong, hè?' zei ik. 'Ja, Klaagvriendin!' riep een tafelgenote. 'Dit is een mooi discussiepuntje. Die kinderwens van jou en het feit dat je op jongetjes valt, gaat niet echt samen, hé?' Iedereen moest hard lachen. 'Toch weet ik zeker dat er ook jonge mannen zijn die al op vroege leeftijd kinderen willen!' riep Klaagvriendin beslist. 'Ik ben een geboren moeder, ik *voel* dat het goed gaat komen, dit jaar nog!' 'Ja, maar je bent ook zó leuk!' riep een andere tafelgenote. 'Jij ook schatje!' riep Klaagvriendin. 'Jullie zijn allemaal lieve, mooie, knappe, bijzondere vrouwen!' Ja, dacht ik, dat zal allemaal wel, maar zijn we daarnaast ook niet een tikkie eigenzinnig, superzelfstandig, moeilijk, veeleisend, ongeduldig en licht onuitstaanbaar?

Aangezien de tafel bestond uit zeven andere singles van rond de dertig hadden we het even later over one night stands. 'Als je echt wat met iemand wilt, iemand echt leuk vindt, dan is het volgens mij niet verstandig daar meteen de eerste avond mee de koffer in te duiken', zei ik omdat ik dat laatst had bedacht. Niemand was het met mij eens. 'Prima,' zei ik droog, 'maar dan volgend jaar geen gezanik en gejank over jullie single-

51

schap!' Daarop voortbordurend ging het niet veel later over lopende projecten. Ik deed iets over Vraagstuk uit de doeken. 'Klinkt veelbelovend', vond iedereen, hoewel ik het zelf al lang had opgegeven.

Tegen alle verwachting in belde Vraagstuk enkele dagen later om mij uit te vragen. Ik besloot niets met oude koeien te doen, al hadden wij hier mijns inziens met frisse kalfjes te maken, en zei: 'Ja'. Kijk, op een gegeven ogenblik kom je op een leeftijd dat je denkt: Ik ben een beetje te oud voor dat fatalistische gedrag. Ik moet het een kans geven. Soms lijkt het niet meteen fantastisch, maar het kan groeien.

Tijdens de derde date zouden we uit eten gaan. Een dag van tevoren belde Vraagstuk af. Hij moest onverwachts naar Londen. Een week later zouden we de dinerafspraak inhalen. Vraagstuk belde een dag van tevoren af; hij kon niet uit eten, maar langs de afhaalitaliaan gaan kon nog net. Dat leek mij weinig romantisch, maar je kunt niet alles hebben. Vraagstuk was op tijd, maar behoorlijk zenuwachtig. Waarom wist ik niet. Hij kon niet stilzitten en dartelde steeds naar het raam. 'Geweldige pasta, hè?' vroeg Vraagstuk enkele keren. Ik had minimaal driehonderd keer in mijn leven smakelijker pasta gegeten, misschien ook niet, maar slechte sfeer kan een hoop bederven. 'Wat doe je toch onrustig', zei ik. 'Ik heb geen parkeerkaart voor mijn auto gehaald', vertelde Vraagstuk. Verklaarde dat zijn zenuwachtige gedrag? 'Zullen we straks gaan stappen?' stelde Vraagstuk voor. 'Eigenlijk ben ik niet zo'n uitgaanskoningin', verklapte ik eindelijk. 'Een cocktailbar dan? Wat dacht je van Suzy Wong achter het Leidseplein?'

In Suzy Wong stak Vraagstuk een sigaar op. Hij vroeg nog of ik bezwaar had, maar ik loog. Vraagstuk kondigde aan iets serieus over zichzelf te gaan vertellen. 'Serieus iets over jezelf vertellen,' dacht ik, 'dat lijkt mij eigenlijk wel een goed idee. Iemand die boeiend, open en eerlijk over zichzelf kan vertellen. Dat is precies wat ik zoek!'
Vraagstuk vertelde alles over zijn verleden. Alles! Ik moest zo vaak beloven nooit iets verder te vertellen, dat ik me niets meer kan herinneren van wat hij die avond vertelde. Goede tactiek dus.

Vraagstuk bracht mij thuis. Ik zei slechts gedag. Ik was helemaal flauw van zijn gebrek aan vertrouwen. Ik trok mijn oude slaapshirt aan en ging in bed liggen. Het enige woord dat door mijn hoofd spookte was 'kansloos'. Lang dwaalde dat woord niet door mijn hoofd, want de telefoon ging. Vraagstuk. 'Ben je thuis?' vroeg hij. 'Je hebt me enkele minuten geleden thuis afgezet', herinnerde ik hem. Een kwart seconde later ging mijn bel. Getverjakje, ik had helemaal geen zin in drama's of ellende. Vraagstuk beende mijn woonkamer in en nam plaats op mijn chesterfieldbank. 'Ik wil graag dat je nog één keer plechtig belooft niets door te vertellen van wat ik je net heb toevertrouwd.' Ik ben niet snel kwaad, maar toen brak mijn klomp.

'Godverdomme!' bulderde ik. 'Hoe vaak heb ik je al gezegd dat ik het niet door zal vertellen? Als je mij niet vertrouwt, had je me niets moeten vertellen!' Onverstoorbaar vroeg hij of ik nog één keer officieel een belofte wilde doen. 'Ik beloof het!' riep ik en ik spuugde tussen mijn vingers op mijn nieuwe laminaat. Vraagstuk *left the building*.

Vraagstuk was nogal een slepende kwestie. Maar ik kon het net zo goed omdraaien en mijzelf een vraagstuk en/of slepende kwestie noemen. Ik was niet verliefd op deze man en toch zei ik steeds weer 'Ja' als hij me uitvroeg. Er gebeurde fysiek gezien nooit wat, behalve 'sigarenbek-zoenen'. Spanning en sensatie waren niet aan de orde. Inmiddels was Vraagstuk meer een studie-object geworden. Een bron van inspiratie.

Maanden later kreeg ik via Hyves een inhoudsloze krabbel van Vraagstuk. Door omstandigheden had ik wel behoefte aan een potje inhoudsloosheid. Ik belde Vraagstuk en enkele dagen daarna zaten wij in Bar Ça op het Marie Heineken Plein. Vraagstuk had misschien net zijn winterslaap gehouden, ik wist het niet, maar hij was wakkerder dan ooit en bombardeerde mij met vragen over een artikel dat ik net had geschreven voor de Viva. 'Waar gaat het precies over?' vroeg hij. 'Over een groep mensen die lustopwekkend gaan dineren', legde ik uit. 'Interessant zeg ... waar haal je je inspiratie vandaan?' vroeg hij. Daar lulde ik wat omheen, aangezien één van mijn grootste inspiratiebronnen tegenover mij zat.

Na een vluchtig kusje fietste ik naar huis. De volgende date vond kort daarop plaats in the Jimmy Woo achter het Leidseplein. Als je me nu vraagt wat ik de meest overschatte tent ter wereld vind, dan is dat de Jimmy Woo. Meer dan één bezoek in je leven hoef je daar niet af te leggen. Alleen al om het *doorbitch*-beleid dat op poep is gebaseerd. Wij hadden gelukkig vrijkaarten. Ik had me nooit verlaagd tot een beoordeling door zo'n anorectische deurmat. Omdat het een hiphopfeest was, was de sfeer warm. Na een partijtje chillen in loungekussens, probeerde ik via een hiphopper het laat-je-broek-maar-onder-je-reet-hangen-mysterie op te lossen. 'Ik zou niet weten waarom mensen dat doen of waar het vandaan komt', gaf de hiphopper toe. 'Maar hoe blijft die broek in godsnaam zo hangen?' vroeg ik. 'Ik heb niet zo'n broek,' vertelde de hiphopper, 'dus ik zou het niet weten.'

Beneden gingen Vraagstuk en ik weer met de voetjes van de vloer. Als hij even weg was, werd ik meteen door hiphoppers uit de Bijlmer benaderd die mijn telefoonnummer probeerden te bemachtigen. Eentje was negentien. Ik was in een oppervlakkige bui, maar er zijn grenzen.

Het was een plezierige avond. Vraagstuk probeerde mij aan de lopende band te zoenen, waar ik geen trek in had. Ons samenzijn leidde tot niets. Aangezien ik de discutabele eigenschap bezit van mening te zijn dat alles altijd wat moet opleveren en ik mijn portie doelloos aankloten zo langzamerhand wel had gehad, was ik klaar met Vraagstuk. Ik gaf hem een laatste kans. 'Hoe zou je dit gebeuren tussen ons precies willen omschrijven?' vroeg ik hem. Vraagstuk begreep niet waar ik het over had.

# 7. Pretpark

*I'm not in denial, I'm just selective about the reality I choose to accept.* Calvin & Hobbes

Enkele maanden gebeurde er niets. Dat kwam mijn werk ten goede, maar het was wel saai. Met een waxinelichtje een dvd kijken terwijl het buiten hard regent, is voor een enkele keer best aangenaam. Maar daarna verlang ik al weer gauw naar verhitte achtbaantoestanden.

Vrijdagmiddag was freelancemiddag bij tijdschrift Culizône. Dit hield in dat ik van één tot vijf zielsalleen op de afdeling zat. Ik verveelde me kapot. Ik stond op het punt naar huis te gaan om daar de volgende set waxinelichtjes aan te steken en voor de verandering een film te kijken, toen er op mijn deur werd geklopt. 'Ja?' vroeg ik. Er gebeurde niets. 'Ja!' riep ik. Geen reactie. Misschien had ik het me ingebeeld. Ik staarde weer naar de regels op het beeldscherm. Enkele seconden later werd er wederom geklopt. Ik liep naar de deur en opende hem. 'Ja?' zei ik lichtelijk geërgerd. 'Goedemiddag. Ik kom voor Elia', zei een gezette man met felblauwe ogen en donker krullend haar. 'Dat ben ik', zei ik gretig en gaf hem een hand. Een warme hand omsloot de mijne.

De man was een nieuwe freelancer van Culizône en wilde weten hoe hij een stedentrip naar Praag kon declareren. Ik deed een poging superprofessioneel over te komen, wat mij wonderwel lukte. Wat had deze man een humor, verhalen en straalde hij een levenslust uit.

Het leek wel een pretpark! Na het gesprek was mijn inspiratie finaal verwoest. Ik fietste met een tollend hoofd doelloos door het Vondelpark. Wat doe ik raar, dacht ik. Ik heb hier helemaal niets te zoeken. Ik nam plaats op een bankje, bij een stel vreemde ganzen en begon tegen hen te praten. Kortom: ik was volledig confuus.

De week er op zag ik Pretpark weer. Hoewel ik een stevige deadline had naar aanleiding van het lanterfanten van de week er voor, raakten we verstrikt in een amusant gesprek. We hadden elkaar zoveel te vertellen! Pretpark was ondernemer en schreef boeken. Niet alleen culinaire boeken, ook een roman. 'Waar gaat het boek over?' vroeg ik. 'Over wat mij gebeurd is', zei Pretpark. 'Wat is je overkomen?' vroeg ik. 'Ik heb een ernstig auto-ongeluk overleefd en moest daarna een jaar revalideren.' Ik wilde linea recta naar Lourdes om god op mijn knietjes te danken dat Pretpark nog leefde. 'Tjee zeg!' zei ik, 'hoe gaat het nu met je?' 'Tja, ik zou nooit meer kunnen hardlopen en mijn ene been heeft minder kracht dan het andere.' Pretpark hield zijn spijkerbroek aan de achterkant van zijn linkerbeen en vervolgens zijn rechter vast en liet op die manier zien dat zijn rechterbeen dunner was dan zijn linkerbeen. 'Ik loop ook niet echt normaal', zei hij. 'Oh,' zei ik verbaasd, 'dat is me niet opgevallen.' 'Door de klap zijn de botten in mijn rechterbeen in elkaar gedrukt. Alles was gebroken, ook mijn heup. Daardoor heb ik een beenlengteverschil van drie centimeter.' Pretpark was te dik, hij liep als Manke Nelis en zou nooit kunnen hardlopen, maar ik vond hem een wereldman. Ik kon gigantisch met hem lachen en we hadden elkaar van alles te vertellen. Het was een man van *never a dull moment*.

'Pretpark is vast een hele passionele man', bedacht ik me. 'Een passionele man ... dat is eigenlijk wel een heel goed idee voor mij!'

Het nieuwe hoogtepunt van de week was niet zinloos bankhangen, maar Pretpark zien. En ruiken. Pretpark rook naar heerlijk geurend haarspul. Had ik die lucht maar continu bij me, fantaseerde ik. Na de derde ontmoeting reed ik regelrecht naar de Etos. Daar rook ik aan alle gels en waxen die op een haarproducten-plank tentoongesteld waren, totdat ik de Wella Wax vond die Pretpark in zijn haar smeerde. Elke avond voordat ik ging slapen snoof ik me high aan dat potje, waarna ik lucide dromen had over Pretpark en mij als de Nederlandse versie van Nicci French.

Tijdens de vijfde ontmoeting werkten Pretpark en ik samen aan een artikel over 'biologisch uit eten'. 'Je hebt niets voorbereid!' merkte ik op. 'Nee, geen tijd gehad', zei Pretpark. 'Hoe ga je dat goed maken?' vroeg ik hem grappend. 'Hmm,' zei hij, 'zal ik een keer voor je koken?' Dat vond ik een voortreffelijk idee. 'Kan jij wel koken?' klierde ik. 'Je weet niet wat je meemaakt', blufte Pretpark. We spraken af voor de zaterdag erop.

Die zaterdag belde ik om zeven uur aan bij Pretpark. Hij woonde op één hoog in een gezellig straatje in Oost. 'Yo, kom verder', hoorde ik via de intercom. Straks is zijn vriendin ook van de partij, dacht ik toen ik de trap op liep. We hadden immers nooit gesproken over specifieke verbintenissen. Eenmaal binnen koekeloerde ik argwanend om mij heen. 'Gaat het?' vroeg Pretpark. 'Jazeker, ik keek even waar ik deze fles wijn kan neerzetten', loog ik. Hij maakte ruimte op de eettafel en dook weer de keuken in. 'Ruikt goed', zei ik, terwijl ik mijn jas ergens neerlegde en richting de keuken liep. Pretpark was druk in de weer met potten en pannen. 'Zal ik alvast een wijntje inschenken?' vroeg ik. 'Is goed', zei hij. We hadden elkaar niet gezoend bij binnenkomst. Wat haalde ik me ook in mijn hoofd? Voor Pretpark was dit etentje een verlengd grapje en verder niets, dacht ik teleurgesteld. Maar hij stond zich wel grof uit te sloven in de keuken. De kwestie bleef ronddwalen in mijn hoofd tot we aan tafel gingen.

Fabuleuze, boeiende gesprekken volgden. Gelach deed zijn intrede. Een glas wijn. Levenskwesties, dieptepunten, hoogtepunten. Nog een gangetje erbij. Ander muziekje, nieuw kaarsje. Weer een glas wijn. Een foto op de kast. Een grapje uit vier havo. Beste film, mooiste lied en een dessertwijn. En toen was er niets. Hier was ik mentaal op voorbereid. Ik had namelijk vooraf bedacht dat ik niets zou ondernemen. Ik zou geen aanstalten maken om hem te zoenen, noch om op te stappen. 'Ik ga mijn tanden poetsen', zei Pretpark. 'Ja, joh', zei ik, alsof het de volstrekt reguliere gang van zaken betrof. Ik ging nog eens wat dieper in mijn stoel hangen, zodat ik hem bij terugkeer in de kamer het teken gaf van plan te zijn nergens heen te gaan. Na twee minuten beende hij de kamer weer binnen. 'Blijf je slapen of eh, stap je zo weer op?' zei hij op een manier alsof hij er twee minuten op gestudeerd had. Blij verrast keek ik hem aan. 'Ik heb daar nog een logeerbed als je wilt', zei hij. 'Lollig!' zei ik. Ik stond op, Pretpark drukte zich tegen mij aan en zoende mij voorzichtig. 'Zullen we even ergens anders heengaan?' vroeg Pretpark. 'Dit is namelijk heel fijn, maar ik sta wel bijna in de fik ... van de gaskachel!' zei hij, terwijl hij inderdaad met zijn

reeds verminkte onderbenen tegen de warmtebron aan-
stond. Lachend liepen we naar zijn slaapkamer. Daar
ging het er ogenschijnlijk betekenisvol aan toe.

De volgende ochtend fietste ik in alle vroegte verrukt
naar huis. Dit is een prachtig begin van iets wat geweldig gaat worden, dacht ik. Ik fantaseerde hoe onze
levens steeds verder in elkaar verstrengeld zouden raken.

En toen werd de verwachting geboren. Voortdurend
smachtte ik naar een sms'je, een e-mail of een belletje.
Al zou ik drie weken moeten wachten voordat ik hem
weer zou zien, als we maar een nieuwe afspraak hadden staan. Een verwachting leidt bijna altijd tot een
teleurstelling. Was ik misschien verslaafd aan teleur-
stellingen?

Na vier dagen had ik nog steeds niets vernomen van
Pretpark. Ik had een hulplijntje nodig en wel van Reisgenootje, de enige die op de hoogte was van mijn diep-
gewortelde verliefdheid. Reisgenootje was na onze
Nieuw-Zeelandtrip de rest van de wereld gaan verkennen. Ze had van reizen haar beroep gemaakt en werkte
voor Lonely Planet.

Lief Reisgenootje,
Je weet dat ik heimelijk verliefd ben op Pretpark. Nu
hebben wij afgelopen zaterdag een supergezellig
avondje gehad, maar ik heb inmiddels alweer vier dagen
niets van hem gehoord. Zal ik een stap zetten of het
gewoon ff laten rusten? X

Toen ik de e-mail verstuurd had, schoot me ineens te binnen dat Reisgenootje in Zambia zat. Nu zijn internetcafé's daar niet bepaald grof gezaaid, maar ik had er weinig trek in het anderen te vertellen, zeker niet gezien de laatste flops in mannenland. Het behoorde natuurlijk tot de mogelijkheden mijn moeder te bellen, maar zo eind twintig, vond ik dat niet meer kunnen. Waarom loste ik het niet zelf op?

> Hej Pretpark, heb supere opdracht binnen! Heb je zin/tijd om het met me te vieren? X Elia

Twee weken geleden had ik inderdaad een megawerkopdracht binnengesleept. Ach, halve waarheden kun je best verkopen, als je het maar kunt waarmaken. Nog geen vijf minuten later (hoopvol) kreeg ik een sms'je terug:

> Hoi Elia, Wat goed! Gefeliciteerd! Ik heb vanavond andere plannen, maar ik zal er eentje op je drinken! Iks, Pretpark

(niet hoopvol)

Verliefd zijn kan leuk zijn, maar het brak me op vanaf het moment dat ik Pretpark zag. Ik sliep hooguit vijf uur per nacht. Ik was één brok onrust en van de spanning en sensatie viel ik zelfs dermate af dat een sixpack zich een weg baande op mijn buik. Of was dit het resultaat van mijn obsessieve sporten met verdoving als doel?

Lieve Elia,
Zit nu in Zambia in een internetcafé. Leuk dat het gezellig was met Pretpark! Tja, ik weet het niet ... de tijd geven, het aanzien, het rustig aan doen of knallen met die handel. Wat zou het beste zijn? Ik geloof dat als hij 'into you' is, de manier niet uitmaakt. Volg gewoon je gevoel! Succes en geniet van die verliefdheid (hier wel leuke cameraman, maar homo).
X Reisgenootje

Daar had Reisgenootje een punt. Ik zou (met veel pijn en moeite) vol kunnen houden om hem niet te sms'en of te mailen, maar dit was geen pim-pam-pet. Hoe idioot is het eigenlijk dat je het ene moment intens dichtbij iemand kan zijn en het volgende moment mijlenver weg? Maar zou ik niet alles weggooien als ik hem nu weer zou sms'en? Zou het niet te opdringerig zijn en was dat misschien nou net zijn allergie? Volhouden, dat moest ik doen. Als het een echte man was, dan zou hij initiatief nemen.

Diezelfde avond ging ik uit eten met Klaagvriendin. De eerste drie kwartier praatte ze aan één stuk over haar relatie van drie weken die vier maanden geleden beëindigd was. Na haar klaagzang besloot ik iets over Pretpark los te laten. 'Wat een zak dat hij nu niks meer van zich laat horen', zei Klaagvriendin. 'Hij heeft anders wel meteen gereageerd op mijn sms'je', verdedigde ik hem. 'Ja, maar de inhoud ervan is niet echt hoopgevend. Ik bedoel, stelde hij iets anders voor? Gaf hij aan dat hij je weer wil zien? En dat 'Iks', niet om het één of ander, maar wat kinderachtig', zei Klaagvriendin met een strenge blik. Had ik het nou maar niet aan haar verteld. 'Door jouw recente mannen-fiasco zie je elke man bij voorbaat als lul de behanger', zei ik. 'Elia, je neemt het nog voor hem op ook! Als hij echt wild van je is, komt hij wel met een nieuw voorstel.' Even later zag ik dat Pretpark had gebeld. Voicemail.

*'He Elia, ik zit nu op kantoor administratie te doen, maar denk dat ik over een uurtje wel klaar ben. Zullen we dan een drankje pakken?'*

Hij belde drie kwartier geleden. Waarom legde ik dat ding niet op tafel, zoals alle obsessief verlangende vrouwen? Ik ging naar buiten en belde Pretpark.

*'Hej Pretpark, je had gebeld?'*
*'Ja, ik zit hier op kantoor facturen te schrijven, maar ben bijna klaar. Zal ik je dan bellen?'*
*'Ja, leuk.'*
*'Wat ben jij aan het doen?'*
*'Ik zit met een vriendin bij Szmulewicz.'*
*'Ok. Hé, maar ik bel je later dan.'*
*'Is goed!'*

Vanaf het Rembrandtplein kwam een grote, wollige, roze wolk, zo de Bakkersstraat in gedreven. Hij stopte voor mij. Er vormde zich een suikerspin-achtig handje dat naar me reikte, ik pakte de hand vast en hij wierp mij op de roze wolk.

'Hebben jullie iets afgesproken?' vroeg Klaagvriendin nieuwsgierig. 'Ja, vanavond nog!' riep ik verrukt. 'Dat zal wel', zei Klaagvriendin sarcastisch.

Een uur later had ik nog steeds niets van Pretpark vernomen. Klaagvriendin en ik besloten naar de Weber in de Marnixstraat te gaan. Nadat ik terugkwam van het toilet, checkte ik voor de driehonderdzesentwintigste keer mijn telefoon. 'Misschien is 'ie stuk?' merkte ik op. 'Ik bel je wel eventjes', zei Klaagvriendin en mijn telefoon ging over. 'Of misschien kan ik geen berichten meer ontvangen', opperde ik. 'Dat kan toch niet? Hij doet het of hij doet het niet. En zoals je daarnet zag, doet 'ie het dus gewoon', zei Klaagvriendin. 'Stuur mij een sms'je!' beval ik haar.

Het is gewoon een
afhaakmongool, 'lks', KV

'Hij doet het!' riep ik. 'En het is helemaal geen afhaakmongool. Hij belt heus nog wel.' Klaagvriendin en ik bestelden een rode wijn. Ik probeerde positief luchtige gesprekken te voeren, terwijl de onrust mij van binnenuit opvrat. Opeens was daar een teken van leven van Pretpark.

Lig nu in bed. Mrgn vroeg
weer op. Bel je vd wk. lks

'Ik ga nu naar huis!' riep Klaagvriendin, voordat ik mijn frustratie kon uiten. Op weg naar huis vroeg ik me af hoe iemand als een neanderthaler kon communice-ren met de vrouw die hij nog geen week geleden ogen-schijnlijk liefdevol in zijn armen had gesloten.

De volgende dag hoorde ik niets van Pretpark. De dag daarna had ik een zakelijke afspraak met hem. Hij was immers nog steeds mijn collega.

Het was een goede sessie, waarbij ik me professioneel opstelde. 'Mag dit eigenlijk wel?' vroeg Pretpark. 'Wat?' vroeg ik. 'Daten met je collega', antwoordde hij. Ik glim-lachte. Was dat het wat hem ervan weerhield mij uit te nodigen voor dinertjes, voorstellingen en strandwande-lingen? Was dat misschien de reden dat hij de boot af-hield en raar gedrag vertoonde? 'Van wie zou het niet mogen?' vroeg ik hem. 'Weet ik veel, van onze baas ofzo?' 'Wij zijn eigen baas en van mij mag het best!' zei ik vrolijk. Pretpark knikte en glimlachte. We gaven el-kaar een kus. 'Ik voel me hier toch een beetje ongemak-kelijk bij, in zo'n zakelijke setting', zei Pretpark, terwijl ik fantaseerde over hoe hij me grof zou nemen op het eikenhouten bureau. Ik lachte en bonjourde hem mijn kamer uit.

Dat was het! Hij durfde gewoon niet! Ik moest hem een beetje overtuigen, overhalen misschien zelfs, maar ik moest het wel rustig aandoen. Nog rustiger dan ik al deed. Pretpark leek een hele stoere kerel, maar was in feite een teer vogeltje.

Dat weekend was het Koninginnedag. Pretpark zou met een stel vrienden bij een kraampje staan en had mij ge-vraagd hem een bezoekje te brengen. Nu durf ik door-gaans veel, maar om op Koninginnedag te midden van een dringende menigte en dronkenmansgeschreeuw zijn aangeschoten vrienden te ontmoeten, ging me net iets te ver.

Op zondagmiddag stuurde ik een bericht

> Hej Pretpark, gezellig gehad op Kdag? Zullen we dze wk samen uit eten? X

Pretpark stuurde meteen wat terug.

> Hé Elia, het waren echt briljante dagen. Beetje rommel verkopen en drankjes drinken ... erg gelachen. En jij, ook de stad een beetje gek gedraaid?

Geen Iks, geen antwoord op mijn vraag.

We sms'ten wat heen en weer en uiteraard was ik de laatste die onverrichter zaken een bericht stuurde, om vervolgens weer in de wachtkamer plaats te nemen.

Ik wist niet waar ik het zoeken moest. Weer flitste het door mijn hoofd dat ik mijn moeder zou kunnen bellen, maar daar voelde ik me eigenlijk te oud voor. Bovendien werd ik altijd zo zeurderig kinderachtig tegen mijn moeder. Alsof het allemaal haar schuld was dat iets niet lukte, aangezien zij me op deze planeet had gezet. Maar hoe ik ook altijd zemelde en jammerde, ze trok zich er niets van aan en gaf steeds de beste adviezen. Ik belde haar. We hadden hier immers te maken met een noodgeval.

*'Ik heb genoeg van dit geëmmer!' riep ik na een minuut koetjes-en-kalfjes. 'Voor hetzelfde geld lig ik morgen onder een bus. Waarschijnlijk zou hem dat alleen maar opluchten. Hoeft hij ook niet meer in dat gammele bootje plaats te nemen, dat in zijn optiek elk moment kan zinken.'*
*'Jij wilde een boeiende, interessante, humoristische man. Nu heb je er één en weer is het niet goed.'*
*'Ik heb helemaal niks. Ja, een pretpark. Een pretpark aan sms'jes, vaagheden en wachtkamerceremonies. Ik ben klaar met dit onvolwassen gedoe. Als hij mijn aandacht niet kan verdragen, dan is dat jammer voor hem.'*
*'Relaties beginnen vaak onduidelijk. Je moet geduld hebben.*
*'Geduld, geduld, ik doe niks anders dan geduldig wachten op een teken van leven!'*
*'Heel goed, gewoon volhouden en van binnen doodgaan.'*

Vier dagen later werd mijn geduld beloond met een telefoontje.

*'Hoi Elia, met Pretpark',*
*'Hej, hoi,'*
*'Hoe is het?'*
*'Ja, goed. En jij? Nog steeds zo druk?'*
*'Eindelijk is het weer eens een beetje rustig.'*
*'Dus je gaat lekker relaxen vanavond?'*

*'Weet nog niet. Eerst een paar dingen afmaken en dan nog boodschappen doen.'*
*'Lekker relaxed is anders!'*
*'Ohja?'*
*'Ja, relaxed is niet zelf koken, maar uit eten gaan ... of voor je laten koken.'*
*'Ja, ja.'*
*'Dus jij wilt voor mij koken?'*
*'Nee, ik wil met je uit eten.'*
*'Dat is goed.'*

Ik was *'to-ta-ly flabbergasted'*. De afgelopen weken hadden we één zakelijke afspraak gehad en opeens zag hij het zitten om met mij uit eten te gaan. Geen touw aan vast te knopen, maar hoe dan ook geweldig.

*'Waar?'*
*'Drie Vrienden in de Pijp?'*
*'Half negen'*
*'Tot dan!'*

Tijdens zijn salade van jonge spinazie, gorgonzola en gemarineerde tomaat en mijn Thaise viskoekjes met een yoghurtkoriandersaus, praatten we over dierenleed, reizen, politiek, verwondingen die we ooit opliepen en beste vrienden. Opeens ging het gesprek over mij. 'Jij hebt heftig verborgen emoties', zei Pretpark. 'Ja, ja,' mompelde ik, 'hoe weet je dat?' 'Dat zie ik gewoon', antwoordde Pretpark. Zo'n flutantwoord kon ik niet uitstaan. 'Hoe zie je dat gewoon?' vroeg ik. 'Dat zie ik in je ogen', zei hij. Straks vertelde hij me nog dat hij Char zou gaan opvolgen. 'Wát zie je dan in mijn ogen?' vroeg ik. 'Een bepaalde felheid', antwoordde hij. 'En wat zegt die felheid?' vroeg ik. 'Dat weet ik niet', zei

68

hij. 'Ik ga jou niet op basis van gebrekkige gegevens analyseren, als dat soms de bedoeling is.' Ik gaf aan dat op prijs te stellen. 'Weet je wat jij eens zou moeten doen?' zei Pretpark. 'Je zou eens niet zoveel vragen moeten stellen. Heb je wel door dat jij altijd de interviewer speelt? Zelden vertel je wat over jezelf. Je moet eens een keer mij de vragen laten stellen, zodat ik kan achterhalen of die heftig verborgen emoties überhaupt bestaan en waar ze vandaan komen!' Ik glimlachte. Heerlijk zo'n strenge man. 'Waarom denk je dat ik denk dat jij heftig verborgen emoties hebt?' vroeg hij. Dit was een ik-maak-me-er-van-Jetje vanaf vraag, maar omdat hij hem stelde, vertelde ik dat ik niet echt een flatliner ben.

Pretpark haalde een pen uit zijn colbertje en tekende een horizontale lijn op een bierviltje. 'Zo bedoel je?' vroeg hij. 'Ja, dus kijk ...' begon ik en ik pakte de pen uit zijn handen, 'Ik ben meer van pieken en dalen. Dat was vroeger nog erger, toen was het zo.' Ik maakte een schema van een extreem piek-en-dalmodel. 'Heb je daar ooit medicijnen voor geslikt?' vroeg Pretpark. 'Nee, ik niet', zei ik. 'Wie dan wel?' vroeg hij aarzelend. 'Daar ben ik niet van op de hoogte', zei ik.

Later op de avond gingen we naar zijn huis. Daar was het goed toeven. Samenzijn met Pretpark had iets weg van liefde. De volgende dag moest Pretpark vroeg op. Er was geen tijd voor ontbijt. Vijf dagen hoorde ik niets.

Omdat ik ontzettend onrustig was, wilde ik vrijdagavond op stap. Maar al mijn vriendinnen waren op vakantie, met hun vriend aan het dineren, hadden nu eindelijk een avondje voor zichzelf op de bank of moesten overwerken. Dus besloot ik een eindje in mijn eentje te fietsen. Het schemerde, de sfeer in de Jordaan was heerlijk. Er zaten hordes mensen op terrasjes, op bootjes en pleinen te genieten van de warmte, de omgeving, elkaar en zichzelf. Kon ik nu maar met Pretpark, met een fles rosé, een pot thee of met volstrekt niets aan de gracht zitten. Benen zorgeloos bungelend over de rand, pratend over gewichtige zaken en spannende dingen. Om vervolgens bij hem of bij mij thuis wat onzinnigheid op tv te kijken, om ons uiteindelijk gezellig naar de bedstede te begeven om ranzige porno te beleven, fantaseerde ik. Ik had zoveel overweldigend fantastische scenario's bedacht voor Pretpark en mij. Als we die daadwerkelijk zouden uitvoeren zou ik naar alle waarschijnlijkheid van het ene in het andere déjà vu belanden.

Misschien had ik alles verzonnen en bestond Pretpark niet, schoot het ineens door mijn hoofd. Als ik moest bewijzen dat onze ontmoetingen hadden plaatsgevonden, had ik geen poot om op te staan. Misschien was ik krankjorum geworden en had ik van ellende een man in mijn leven verzonnen. Opeens had ik een heel raar gevoel. Waar wachtte ik eigenlijk op? Had ik nou echt de illusie dat hij ooit het licht zou zien? Ik geloofde er niets meer van. Hoezeer ik ook absurdistisch wild op Pretpark was, ik verlangde naar rust.

Zonder af te wegen of het verstandig was of niet, fietste ik vastberaden naar zijn huis. Daar aangekomen belde ik aan. Ik besefte me ineens dat er een grote kans bestond dat hij er niet was. Hij had zo'n druk sociaal leven, hij huurde slechts voor de vorm een woning. Gelukkig was hij er wel en had zelfs geen bezoek. 'Heb je even tijd?' vroeg ik toen ik de trap opliep. 'Elia!' riep hij, alsof wij een afspraak hadden om gemoedelijk koffie te drinken.

De laatste keer. Dit zal de laatste keer zijn dat ik in dit huis ben. Hij weet het nog niet, maar zou hij het vermoeden? dacht ik. 'Ik was bezig met een gedicht voor mijn moeder. Ze is morgen jarig', zei Pretpark. Wat was hij toch buitengewoon aantrekkelijk. Voor ik het wist zat ik op zijn schoot en zoenden we. Hij rook lekker gezond. We belandden op de grond. Pretpark ontdeed mij van mijn shirt en ik trok zijn overhemd uit. Ik hield zijn warme lichaam stevig vast. Het is zeker dat ik de komende tijd alleen in bed zal liggen, dacht ik. Ik stond op en liep naar de slaapkamer. De laatste keer. Dit zal de laatste keer zijn dat ik met hem vrij. Hij weet het nog niet, maar zou hij het vermoeden? Pretpark kwam op zijn knieën voor mij zitten en begon me te zoenen. Even hield hij op en keek me aan. 'Je hebt hele mooie ogen, weet je dat', zei hij. Ik wilde niet dat hij ging praten. Het herinnerde mij aan het feit dat ik straks met hem moest praten. Konden we maar altijd zo blijven liggen, zonder bindingsangst, zonder reserves, zonder vaagheid, gewoon samen.

Pretpark legde me neer op bed en zoende me overal. Hij kwam op me liggen met zijn heerlijk zware lijf. Hij keek me aan. Hij is zo dichtbij. Ik zie hem, maar ik heb niets, dacht ik, terwijl we innige avonturen beleefden. Naderhand lagen we zwijgend in elkaar verstrengeld. Dit was het dan, flitste het door mijn hoofd. We staarden allebei naar het plafond. 'Hoe gaat het?' vroeg hij. 'Matig', gaf ik toe.

Even later zaten we samen aan de eettafel. Ik vroeg mezelf af wanneer ik het zou zeggen. Pretpark schonk koffie in. 'Ik ben hier niet zomaar', zei ik plotseling. Ik schrok er zelf van. Zo erg zelfs, dat ik de ergste black-out van mijn bestaan had. Na een dikke minuut kwam er een waterval aan woorden uit mijn mond. 'Ik ben hier om je te vertellen dat ik verschrikkelijk verliefd op je ben, maar dat ik niet door kan gaan met dit vage ge-doe.' Ik keek naar buiten. Die boom blijft wel staan, terwijl ik volledig instort, dacht ik. 'Ik ben alleen maar met jou bezig en probeer me in allerlei bochten te wringen zodat ik niet opdringerig overkom, maar ik ben mezelf niet meer. Ik trek dit niet.' Ik keek hem vluchtig aan. 'Wij zullen nooit een relatie krijgen', zei Pretpark droog en zocht naar pen en papier om uit te tekenen waarom dat zo was. Gelukkig kon hij geen pen en pa-pier vinden. 'De reden waarom wij nooit een relatie kunnen beginnen is omdat we teveel op elkaar lijken', zei Pretpark. Hij zei het alsof hij hier groots over had gefilosofeerd met een hele serie vrienden. 'Ik had het eigenlijk veel eerder moeten vertellen', ging hij verder. 'Toen wij het hadden over die verborgen heftige emo-ties gaf jij toe geen flatliner te zijn', zei Pretpark. 'Vroe-ger', zei ik. In de verdediging schieten was natuurlijk volstrekt zinloos. Ik besloot er meteen mee te stoppen.

'Drie jaar geleden is vastgesteld dat ik manisch depres-sief ben. Destijds ging ik door een hel. Nu heb ik het goed onder controle, maar ik kan geen relatie beginnen met iemand die piek-en-dal is. Dat versterkt elkaar alleen maar.' Terwijl hij dit vertelde oogde Pretpark vrolijk en luchtig, alsof het hem allemaal niets deed. Hij kent mij niet eens. Hij geeft mij geen kans. Hij gooit ons bijzondere iets zomaar weg. Ik staarde wezenloos naar de felgroene boom. Als het nu dan in elk geval herfst zou worden. Verdriet en lente gaan niet samen, dacht ik hopeloos. Pretpark keek mij liefdevol aan, ik voelde mij een sukkel. 'Jij wilt de bruisende zee, je wilt onweer, regen, harde wind tegen, harde wind mee en bovenal het gevoel hebben dat je leeft. Vol kracht en emotie wil jij door het leven gaan, alles proeven, het gas vol opentrekken, verliefd worden, passie, liefde en nog veel meer. Zolang het maar heftig is. Ik weet zeker dat er hordes mannen zitten te wachten op *never a dull moment* zoals met jou. Maar voor mij is een meisje à la kabbelend bergriviertje een beter idee.'

Pretpark had vast gelijk, maar ik vond het rationeel gezeik. Niets wat ik zeg heeft zin. Niets wat ik doe heeft zin, wist ik. 'Ik ga', zei ik vastbesloten. 'Ben je boos?' vroeg hij met een trilstem. 'Nee, ik ben teleurgesteld. Maar daar kan jij niets aan doen. Je bent gewoon eerlijk en je geeft aan hoe je het ziet, net zoals ik heb aangegeven dat ik dit niet trek', zei ik. 'En dan ga je zomaar?' vroeg hij. 'Ja, wat moet ik anders nog? Ik heb me lang genoeg vastgesnoerd in dit martelwerktuig.' Pretpark keek me fronsend aan. Ik pakte mijn tas, opende voor de laatste keer zijn deur en stommelde de trap af, terwijl zijn DNA langs mijn benen omlaag gleed.

# 8. Docent

*D'r is iets, d'r is iets, maar wat het is, dat weet ik niet,
maar ik weet wel dat er wat is.* Arjan Ederveen

Na terugkomst uit Australië en Nieuw-Zeeland werkte
ik als chauffeur voor vip's. Soms hield dat in dat ik
urenlang zwijgzaam naast een hysterisch bellende
vrouw zat. Een andere keer was ik verwikkeld in de
boeiendste gesprekken met de interessantste figuren.
Eén van die figuren was Docent. Docent was in zijn
werkende leven uiteraard geen docent. Docenten worden doorgaans niet rondgereden. De reden dat ik hem
toch zo noem was omdat ik veel van hem leerde; zoals
mijzelf serieus nemen, dat kleding kan maken of breken en dat bluffen altijd goed is, zolang je het maar
waar kunt maken. Docent reed ik twee maal per week
van Groningen via Utrecht naar Amsterdam en vervolgens via de afsluitdijk naar Leeuwarden terug naar
Groningen. Dat nam de hele dag in beslag. Tijdens deze
ritten hadden wij interessante gesprekken over zijn
jeugd, studententijd en cliënten. Hij vertelde graag,
maar was tevens geïnteresseerd en kon aandachtig luisteren.
'Goh,' dacht ik, 'dat is nog eens een mooie combi. Het
lijkt mij een goed idee nauwlettend in de gaten te houden hoe hij mij precies raakt met zijn verhalen en interesse voor als ik weer eens een leuke man tegenkom,
want deze combi ... dat is eigenlijk wel een heel goed
idee voor mij.'

Soms moest ik honderdzestig over de snelweg jakkeren, omdat hij ergens op tijd moest zijn. Boete of geen

boete. Dat waren memorabele tijden. Tijdens zijn besprekingen moest ik wachten, maar, dat was misschien wel het mooiste van het chaufferen, naast het hoge uurloon dat ik ontving, werd het wachten extra beloond. Soms ging ik naar de film, een andere keer lunchte ik in een duur restaurant of liep ik wat door een stad. Vaak overdacht ik de gesprekken tussen Docent en mij. Ik betrapte mezelf er op dat ik het jammer vond dat Docent geen jongere, ongetrouwde, kinderloze versie van zichzelf in de aanbieding had. Duidelijk was dat docent gecharmeerd was van mij. Niet dat hij dat expliciet zei, maar een wereldcompliment als: 'Het is maar goed dat je een pukkel hebt, anders is het te perfect', zegt op zich genoeg. Of zijn opmerking: 'Misschien heb je te veel in de aanbieding, dat schrikt af.' Daar heb ik nog jarenlang over nagedacht.

Na vijf maanden terug in Nederland besloot ik culinaire wetenschappen te gaan studeren en dat was helaas niet te combineren met het chauffeurswerk. Dat betekende onherroepelijk dat Docent en ik afscheid van elkaar moesten nemen. Tijdens onze laatste rit deed hij mij het boek 'De Alchemist' van Paulo Coelho cadeau.

Docent en ik zagen elkaar vijf jaar niet tot ik hem onverwacht op een donderdag rond lunchtijd zag lopen in Amsterdam Oud-Zuid. Aangezien ik nogal haast had, kon ik niet stoppen, maar ik joelde zo vriendelijk mogelijk gedag. Een week later zag ik Docent weer in Oud-Zuid. Nu op een terras met een onbekende meneer.

Natuurlijk had ik weer haast – dat was destijds een hardnekkig verschijnsel – maar ik stopte. Het was te toevallig dat ik Docent in zo'n korte tijd twee keer achter elkaar tegenkwam. We kletsten even en hij stelde voor binnenkort ergens een hapje te gaan eten.

We spraken af bij de Proeverij aan de Prinsengracht. Docent en ik groeven wat herinneringen op en praatten bij over hedendaagse ontwikkelingen en bezigheden. De wijn was goed, de sfeer evenzeer. Nog steeds stond Docent garant voor de combi geïnteresseerd luisteren en leuke verhalen vertellen. Na het hoofdgerecht werden de gesprekken heel open en eerlijk. 'Ik wil je best vertellen dat mijn huwelijk op knappen stond, zonder dat mijn vrouw het in de gaten had', zei hij. 'Ik had een slippertje gemaakt wat uitmondde in een relatie. Ik moest kiezen tussen mijn huwelijk en de kinderen of mijn minnares. Maar ik wilde helemaal niet kiezen. Onze maatschappij is zo kortzichtig! Waarom is het niet mogelijk om het plezierig te hebben met allemaal verschillende mensen?' vroeg hij. Ik besloot niet te antwoorden. Natuurlijk kon je plezier hebben met allerlei verschillende mensen, maar waarom moest daar altijd een geslachtsdeel (of twee) bij aan te pas komen? 'Hoe dan ook', vervolgde Docent zijn verhaal, 'mijn minnares wilde een serieuze relatie. Omdat ik daar geen behoefte aan had, zette zij een punt achter ons samenzijn.' Ik knikte begripvol. Ik ben altijd ontzettend geïnteresseerd in iemands redenen om vreemd te gaan. 'Een jaar later had ik opnieuw een affaire. Deze vrouw had eveneens de intentie iets serieus aan te vangen. Toen heb ik een einde aan de relatie gemaakt', vertelde hij.

Docent zat blijkbaar midden in zijn midlifecrisis. Of hij had gewoon een nieuwe levensstijl gevonden, dat kan natuurlijk net zo goed. Ik kon me die aandacht best voorstellen. Docent had jarenlang wat papperigs over zich gehad en was waarschijnlijk gaan sporten en minder gaan eten, waardoor hij een atletische verschijning was geworden. Bovendien zat zijn haar minder wollig.

Docent werkte tegenwoordig hoofdzakelijk in Amsterdam. Naast zijn huis in Haren, bewoonde hij vier dagen per week een appartement in de Pijp. Hij nodigde mij uit om daar nog een afzakkertje te consumeren. Dat leek mij gezellig. Toen de jassen gebracht werden door de ober, deed Docent per ongeluk mijn jas aan, wat inderdaad niet lukte. Het tafereel oogde nogal zenuwachtig. Ach, zoiets kun je soms hebben, bagatelliseerde ik in mezelf. We namen een taxi naar zijn appartement. Het was een mooi optrekje op de negende verdieping, met uitzicht over het water. Aan de muur hingen prachtige schilderijen. De overdadige badkamer had een sauna en stoombad. In de woonkamer stonden designmeubels en liep je zo het mega loungebalkon op, inclusief chique stereo. Docent zette beach house aan en vroeg wat hij voor mij kon inschenken. Even later kwam hij aanwandelen met een whiskey en rode wijn.

Ja, ik ben natuurlijk niet gek ofzo. Ik vond het best spannend, was benieuwd waar dit heenging en vooral hoe hij dit ging oplossen. Dus we praatten nog eens wat en schonken nog een keer bij. Opeens vond ik dat de avond een beetje sloom voortkabbelde. En als ik dat vind, dan stap ik meestal op. Zoals nu. Docent bleef overdreven vriendelijk en probeerde een 'bedankt-voor-de-leuke-avond' uit te stralen. Maar toen ik op het punt stond te vertrekken, stonden we in vol ornaat te zoenen. Een vreemde aantrekkingskracht had ons naar elkaar toegemagnetiseerd en maakte dat ik opeens

stond te zoenen met een man die twee jaar ouder was
dan mijn vader. We rolden over de designbank, maar ik
wilde geen stap, trap, honk, sprong, hupje of trede verder. 'Ik ga,' zei ik abrupt, 'ik moet morgenochtend met
mijn moeder langs de rekken trekken.' 'Langs de rekken trekken?' vroeg Docent verward. Hij ging rechtop
zitten. 'Winkelen', zei ik. Ik pakte mijn jas en ging naar
huis.

De volgende middag ontving ik een sms'je van Docent:

> Werken wordt niks: denk
> de hele dag aan je. X

Voor mij was het een onbezorgd grapje geweest. Niet
dat de aantrekking nep was, maar het was goed zo.

> Doe maar niet. Was een
> leuke avond, maar niet
> voor herhaling vatbaar. X
> Elia

Voor iemand die de vlinders om zich heen ziet fladde-
ren, is zo'n bericht dodelijk. Maar Docent liet het er
niet bij zitten en stuurde een e-mail.

Beste Elia,
Vandaag vernam ik van een collega dat hij op zoek is
naar iemand die al het culinairs voor zijn bruiloft op
Corsica wil regelen. De klus is je op het lijf geschreven en
verdient uiteraard zeer goed. Ik wil je graag voordragen
maar dan moet de lucht tussen ons eerst geklaard zijn.

In onze eerdere 'relatie' hing er altijd al een 'speelse' sfeer van elkaar aantrekkelijk en uitdagend vinden. Na ons hernieuwd contact ontstond die sfeer opnieuw, misschien voorspelbaar. Ik had er stiekem even over gedacht; een avontuurtje, maar direct verworpen: Ik kon wel gek zijn. Zo'n leuke jonge meid met zo'n 'oude kerel'! Ik heb inmiddels de nodige avontuurtjes beleefd en ben geen modelfiguur: ik ben ondernemend, neem risico's en geniet van het leven. Ik ga wel vaker over (door wie bepaalde?) grenzen in vele opzichten. Ik zorg goed voor mezelf en kan daardoor ook goed voor anderen zorgen.

Wat mij betreft hoeft het hier niet bij te blijven, zonder dat er meteen sprake is van een relatie. In ruil voor je aangename gezelschap kan ik je verder helpen, materieel en met adviezen en contacten. Voor wat hoort wat!

Ik ben vaak alleen in mijn appartement en heb dan best behoefte aan een verzetje met een leuk iemand (film, theater, sauna, kroeg, sporten, enz.).
Hoe zie jij het verder tussen ons?

Groet en liefs,
Docent

Dit ging helemaal de verkeerde kant op, dus ik stuurde meteen een mail terug.

Beste Docent,

Ik denk dat het goed is dat ik het een en ander uitleg. Ik schrik nogal van gedachten die in jouw hoofd rondspoken.

Tijdens het chaufferen zag ik jou als prettige cliënt. Ik heb veel van je geleerd en onze gesprekken waren boeiend. Ik vond de speelse spanning leuk. Wat mij op een gegeven moment rust gaf was jouw opmerking: 'Als ik jouw leeftijd had, dan wist ik het wel.' 'I guess I see you next life time'-achtig. Toen ik je onlangs tegenkwam in Oud-Zuid vond ik het gezellig om weer wat af te spreken. Ik vermoedde wel dat er iets zou gebeuren. Superspannend vond ik het dan ook niet. Eerder grappig.

Wat ik waardeerde die avond, was je openheid. Je vertrouwde mij toe geregeld avontuurtjes te hebben. Ik hoor graag openheid van mensen aan. Ik oordeel niet snel. Dat betekent overigens niet dat ik alles goedkeur. Wat ik ervan vind is van ondergeschikt belang. Als jij op deze manier wilt leven (risico's nemen, avontuurtjes aangaan, bepaalde grenzen overschrijden) dan moet je dat doen.

Voor mij was de ontmoeting in jouw appartement OK. Je vraagt je af waarom wij elkaar niet vaker kunnen zien. Misschien kun je je voorstellen dat ik behoefte heb aan een waardevolle, monogame relatie met een leuke man.

Je geeft aan 'aangenaam gezelschap' te willen *in ruil voor* nuttige adviezen, materiële zaken en zinvolle contacten. Ik weet niet wat jij onder 'aangenaam gezelschap' verstaat, maar ik hoop niet dat jij doelt op intiem contact. Ik heb daar geen behoefte aan. Ik vind het een aparte gedachte dat jij mij alleen wilt helpen met mijn carrière als ik intiem met jou ben. Ik hoop werkelijk dat ik je e-mail volledig foutief interpreteer.

Ik vind het attent dat je aan mij dacht bij die culinaire klus. Ik kan de opdracht ook goed gebruiken. Het is aan jou of je genoegen neemt met vriendschap. Indien jij meer wilt of verwacht, moet ik je teleurstellen.

Grt,
Elia

Het zou nimmer bij mij zijn opgekomen dat iemand die 'De Alchemist' cadeau deed, een prostitutie-aanbod zou doen.

# 9. Journalist

*Alle sprookjes hebben dit met elkaar gemeen, dat zij zich*
*bezighouden met het verlangen en niet met de vervulling.*
Godfried Bomans

Omdat ik als freelancer werkte, had ik een hele serie
opdrachtgevers en zo mogelijk nog meer personeels-
feestjes. Soms behelsde dat een tiengangendiner met
wervelende circusshow. Een andere keer kon je je op
kosten van de zaak klemzuipen. Die zaterdag in de
herfst was het een keer fiks raak. Ik had 's middags een
personeelsfeest met uitgebreide lunch en zangeressen
uit alle windstreken en 's avonds een personeelsborrel
in Binnen Buiten in de Albert Cuypstraat in de Pijp.
Toen ik daar arriveerde, hoorde ik mijn collega's zwaar
beschonken grappen en grollen. Ze zaten buiten aan
picknicktafels. Als ik ergens een hekel aan heb, is het
om nuchter tussen 'lollig' aangeschoten mensen te zitten. Mijn 'bejaarden-instelling' werd mij soms werkelijk te gortig. Ik vond dat ik leuk moest doen en dat
ging alleen maar lukken als ik in een kwartier drie rode
wijn achterover sloeg. Binnen afzienbare tijd bleek dat
ik dat niet kon. Na enige minuten zag ik dat een voormalig studiegenoot van de CUG ook van de partij was.
Ze keek een beetje scheel van de rosé. Vrmlg Studiegenoot en ik gingen naar binnen en kletsten wat bij. Ze
hield zich tegenwoordig bezig met kookcursussen en
was in haar soepfase. Als culi-expert zit je altijd in een
specifieke eet- of drinkfase. Een bepaald culinair gebied dat je tot de bodem toe wilt onderzoeken. Ik zat op
dat moment bijvoorbeeld in de rode sauzenfase. 'Wat is
jullie favoriete muziek?' vroeg een kerel die ons vanaf

de bar al continu had aangestaard. 'Hoezo?' vroeg Vrmlg Studiegenoot, 'Ik bedoel: en wat dan nog?' 'Het leek me een goede openingszin', zei Barhanger. 'Wat zegt dat over iemand, als je weet wat haar muzieksmaak is?' vroeg Vrmlg Studiegenoot op bijna dreigende toon. 'Gewoon, dan weet je wat zij mooie muziek vindt', legde Barhanger uit. 'Ja, dat zal wel!' riep Vrmlg Studiegenoot verhit. 'Nou, vertel?' vroeg hij, niet van plan het op te geven. 'Bob Marly', loog Vrmlg Studiegenoot. 'Dus je bent een relaxed persoon', zei Barhanger. 'Ach, sodemieter op!' riep Vrmlg Studiegenoot en ze zwalkte naar buiten. Vrmlg Studiegenoot had de nodige man nen trauma's achter de rug. Ineens herinnerde ik me wat zij een paar jaar geleden opmerkte toen zij helemaal klaar was met internet daten. 'Een dating-site is net als een hondenasiel. Al die mannen hebben een verleden. Als je een hond wilt, kies je er een uit een nest puppies en voed je hem op zoals jij wilt. Waarom kan dat niet met mannen?'

Mijn blik dwaalde af. Ik kwam tot de ontdekking dat er, afgezien van Barhanger, opmerkelijk veel aantrekkelijke mannen om mij heen stonden. In feite was er geen vrouw te bekennen.
Een vriendelijke vent, die taxichauffeur bleek te zijn, begon een gesprekje. Erg gezellig, maar hij was niet bepaald mijn type. Zijn vriend was een knappe verschijning, maar bleek een miljonair uit Dubai te zijn en daar had ik geen behoefte aan. Na een kortstondig praatje besloot ik van binnen naar buiten te verhuizen. Maar ... wie zag ik daar? De man die ik in mijn vizier had, kende ik ergens van. Maar ik kon moeilijk komen aanzetten met de afgezaagde vraag. Besluiteloos staarde ik hem aan en hij staarde terug. Terwijl ik zo nonchalant moge-

lijk aan mijn wijntje nipte, stapte de man op mij af. 'Ik ken jou', zei hij enthousiast. 'Nah, wat een toeval, dat idee had ik ook bij jou', zei ik op verbouwereerde toon. En prompt viel het kwartje: het was een journalist van TV.

Journalist beaamde dit. Hij vond het opmerkelijk dat ik hem herkende, want dat had niemand tot op heden gedaan. Ik kon het me niet voorstellen. Journalist was een niet te versmaden verschijning. Hij voldeed in elk geval compleet aan mijn oorspronkelijke schoonheidsideaal: donker krullend haar, expressief gezicht, lekkere benen en kont en een tikkeltje bourgondisch. Waar Journalist mij van kende, is mij tot op de dag van vandaag een raadsel gebleven. Misschien was het gewoon een versiertechniek die in de Men's Health had gestaan. Al gauw waren we verwikkeld in een spannend gesprek. We bespraken onze reisplannen en ondernemersideeën en boomden over werk, emigreren en de beste restaurants van Amsterdam. Ineens merkte ik dat Journalist mijn hand vasthield. Ik ging nergens meer heen. Want niet alleen de hand vond ik onderhoudend, ook zijn vraag of ik morgen meeging naar Haïti, vond ik een aanvulling.
'Goh,' dacht ik, 'volgens mij is dit een ontzettend avontuurlijke man. Dat is eigenlijk wel een heel goed idee voor mij.'

Journalist moest even pinnen en reed met zijn zatte kop op zijn rode Vespa naar de pinautomaat op de Albert Cuyp. Eerst vreesde ik een premature weduwe te worden, vervolgens maakte ik van de gelegenheid gebruik het toilet te bezoeken. Binnen mum van tijd was Journalist terug. We dronken nog eens wat, en nog wat, tot

Binnen Buiten dicht ging. Wij strompelden naar een vaag kroegje verderop samen met zijn vriend, die ik de ganse avond nog niet had gezien en die strontlazarus was. 'Ik vind je laarzen supergeil', bralde Journalist toen we de aftandse toko binnenliepen. Even later waren we aan het zoenen.

En terwijl Journalist en ik alleen nog maar oog voor elkaar hadden, hing Lazarus aan de bar met zijn hoofd in een asbak. Het idee om het vertier elders te zoeken, kwam van mij.

'Lazarus logeert bij mij, omdat hij in Maastricht woont', legde Journalist uit. Dat was jammer. Ik had wel zin in een interview onder vier ogen. 'Ik woon ook in Maastricht!' riep ik aangeschoten. Drie tellen later zat Journalist op zijn Vespa met Lazarus achterop en ik fietste er naast. Weer drie tellen later lag Lazarus te pitten in de logeerkamer, terwijl Journalist en ik wat aan klungelden. Na al die drank had Journalist moeite om zijn microfoon omhoog te houden. Maar ik vond het prachtig om eindelijk weer naast een man te liggen.

's Morgens vroeg werd Journalist ineens actief en volgde alsnog een plezierig interview. Even later hoorden we dat Lazerus de voordeur achter zich dichttrok, waarna wij de dekens nog eens over ons heentrokken. Ergens in de middag ontwaakte ik opnieuw en zag dat Journalist al wakker was. 'Vandaag blijven we de hele dag in bed liggen!' riep hij. Vervolgens maakte hij een fruitontbijt. We zaten naast elkaar en hielden nuchtere gesprekken, die beter waren dan de brakke. Deze man wilde ik beter leren kennen. Door de vragen die Journalist mij stelde, kreeg ik de indruk dat het wederzijds was.

Journalist pakte zijn laptop erbij om mijn website te bekijken, checkte vervolgens zijn mail, las dat hij een deadline had voor de volgende ochtend acht uur, kreeg een sms'je van een vriend die vroeg waar hij bleef (de vriend zat in de Arena op hem te wachten in verband met Ajax-PSV) en werd ten slotte gebeld door een vriend vanuit St. Tropez. Omdat Journalist helemaal opging in dit gesprek en ondertussen aan zijn artikel was begonnen, ging ik in bad zitten. Ik heb zelf geen bad en beredeneerde dat als het allemaal niks zou worden, ik in elk geval in bad had gezeten. Vanuit bad hoorde ik Journalist praten. Na verloop van tijd sneed St. Tropez-vriend waarschijnlijk het onderwerp 'hoe zit het met je liefdesleven' aan. Journalist zei dat hij daar volstrekt niet mee bezig was en alleen maar wilde werken. Dat zullen we nog wel eens zien, dacht ik en ik onderdrukte een zelfverzekerd glimlachje. Even later stapte Journalist bij mij in bad. Daar zaten we samen wat te stikken van de hitte, tot hij het te warm kreeg en uit bad ging. Niet veel later ging ik uit bad, droogde me af, deed mijn stinkende rookkleren aan en pakte zijn visitekaartje van de vensterbank. Precies op dat ogenblik riep Journalist vanuit een andere kamer dat ik zijn kaartje uit de vensterbank kon pakken, ik gaf hem een kusje en liep ik de kou in. Journalist beloofde mij te bellen zodra hij terug was uit Bangkok.

Die vrijdag ging ik eten bij Homovriend. Homovriend was inmiddels getrouwd. Het meest ontroerende huwelijk dat ik ooit meemaakte. Homovriend en zijn man lagen zo op één lijn, dat we soms niet meer wisten waar de lijn stopte en de nieuwe persoon begon. Zij waren zelf ook geregeld de draad kwijt wie ook alweer naar de supermarkt was geweest of wiens ouders ook alweer waren blijven eten. Bij Homovriend plus Man werd je altijd enorm verwend. Het enige wat je deed was zitten en eten. 'Hoe is het met die, die ...' begon Homovriend. 'Journalist?' vroeg ik. 'Journalist?' Ik weet niks van Journalist. Je was toch met die, die ... hè ... help nou even man!' Man wist het ook niet: 'Als ik dat allemaal moet bijhouden kan ik mijn baan wel opzeggen!' 'Hiervoor klooide ik wat aan met Pretpark', legde ik uit. 'Pretpark? Man, weet jij iets over Pretpark?' vroeg Homovriend. 'Pretpark? Ik ken geen Pretpark', riep Man vanuit de keuken. 'Ok, daarvoor ...' ging ik na, 'ehm, even denken hoor, da's lang geleden ...Vraag stuk.' 'Ah, Vraagstuk! Ja, die kennen we', riep Man vanuit de keuken. 'Wat hebben we elkaar dan lang niet gezien!' riep ik. 'We waren ook zo lang op Ibiza!' zei Homovriend met een zucht van heimwee. 'Journalist zei graag met mij naar Haïti te willen', zei ik jolig. 'Ja, ja, en waar is hij nu dan?' vroeg Homovriend streng. 'Naar Bangkok, in zijn eentje, voor werk', zei ik. 'Al iets van hem gehoord?' vroeg Man uit de keuken. 'Nee, nog niet', zei ik aarzelend en ik keek schuchter naar Homovriend. 'Zal ik de tissues maar alvast op tafel zetten?' vroeg Homovriend en ze rolden nog net niet over de vloer van het lachen.

Twee weken later mailde ik Journalist. Geen reactie. Drie maanden later stond ik in de kroeg en ontving ik een sms'je van hem.

Dus...

Je kunt je misschien voorstellen dat ik geen enkele aanstalten maakte om op welke wijze dan ook op dit bericht te reageren. Twee maanden later kreeg ik opnieuw een sms'je, maar gelukkig van een volstrekt andere orde:

> Wakker?

Ruim een jaar later ontving ik van Journalist eindelijk een bericht van iets grotere omvang:

> Hi! In town?

## 10. BN'er

*Looks are so deceptive that people should be done up like food packages with the ingredients clearly.* Helen Hudson

Uitgaan kwam mijn neus uit, maar je moet iets. Dus heel af en toe liet ik me toch weer verleiden om naar Pacific Parc of Hotel Arena te gaan. Die zaterdagavond zouden we naar 'Bed' gaan in Hotel Arena (Leve de Gouden Kooi-cultuur!). Omdat ik zoals elke zaterdag had gewerkt tot een uur of vier, moest ik de rest van de middag en avond bijkomen, zodat ik 's nachts flitsend ten tonele kon verschijnen.

Na een hazenslaapje bracht ik de middag zappend door. En daar zag ik hem, die grappige vent die ik wel eens in een film had gezien. Hij zat nu in een kookprogramma iets te doen. 'Goh,' dacht ik, 'een leuke, gewone vent, dat is eigenlijk wel een heel goed idee voor mij. Al die gecompliceerde eisen die ik steeds aan mannen stelde: Wie denk ik eigenlijk dat ik ben? Een leuke gewone vent, dat is precies wat ik zoek!' Ik deed mijn laptop aan en zocht wat info over BN'er. Ik ontdekte dat hij in Amsterdam woonde en single was. Hoe makkelijk kun je het jezelf maken? Ik surfte naar telefoongids.nl en zocht zijn naam op. Het is erg onwaarschijnlijk dat BN'er met naam en toenaam in de telefoongids staat, dacht ik nog. In het leven heb ik tot nu toe gemerkt dat als je maar durft en bluft en soms gewoon in het telefoonboek kijkt, er verbazingwekkend veel lukt. Ik stuurde een bericht naar zijn nulzesnummer:

> Is dit het nummer van
> BN'er?

Nadat ik het sms'je verstuurd had, besefte ik wat voor malle actie dit was, op zijn minst een privacyschennend iets. Een minuut later ontving ik een bericht terug.

> Wie wil dat weten?

Hier moest ik even tactisch over nadenken. Als ik mijn naam zou prijsgeven, kon ik een blauwtje lopen. Ik bleef liever anoniem.

> Een fan.

Daar nam BN'er geen genoegen mee. Hij wilde precies weten wie ik was. Ik vreesde dat ik misschien met de verkeerde persoon te maken had en niet hij maar ik uiteindelijk wreed gestalkt zou worden als ik mijn naam kenbaar maakte. Soms moet je liegen in het leven.

> Wij hebbn de mob tel v
> onze vriendin
> geconfisceerd. Zij is n
> groot fan v je. Wij willen
> graag n date mt jou
> regelen v haar. Zie je dat
> zitten?

BN'er vroeg eerst hoe die vriendin er uitzag en daarna of het een grap was. En zo sms'ten 'mijn vriendinnen' en BN'er nog wat over en weer. Tot het ophield. Waarschijnlijk had hij de flauwe grap door en geen zin meer in spelletjes. Later op de avond ging mijn telefoon. Het was BN'er. Als een ware actrice (Ik kan extreem goed 'levelen'.) deed ik alsof mijn telefoon net weer terecht was en dat ik de berichten had gelezen. 'Excuses voor die domme actie van mijn vriendinnen', loog ik. 'Wel grappig dat ik nu mijn idool aan de telefoon heb!' slijmde ik door. In werkelijkheid heb ik nooit spannende gevoelens bij bekende mensen. Zij gaan ook gewoon naar de wc. BN'er en ik waren al gauw oppervlakkig aan het keuvelen over het uitgaansleven, zijn nieuwe rol in een musical en mijn verzonnen hoofdrol in de verfilming van 'de Eetclub'.

'Zin in een date?' vroeg BN'er. De zaterdag erna haalde BN'er me van huis op met zijn Opel Tigra. Dat was best apart. Drie zoenen op de wang en we scheurden weg. Hij vond dat ik er met mijn doodsimpele zwarte jurkje veel te uitgedost uitzag. 'Nu val ik helemaal niet meer op!' klaagde BN'er. 'Dat is dan jammer voor je', zei ik. BN'er vroeg waar ik heen wilde. 'Een beetje rondrijden?' stelde ik voor. BN'er zette Nederlandstalige muziek op en zong uit volle borst mee. Even later zong hij het liedje dat hij binnenkort moest zingen voor een productie. Hij zong het alsof het voor mij bedoeld was. Ik werd er verlegen van. Hij had zo'n mooie stem. Ik vroeg waarom hij daar niet mee verderging. 'De schoenmaker moet bij zijn leest blijven', vond BN'er, alhoewel hij zich daar tot op heden niet aan had gehouden want BN'er had 'bouwtuigkunde' gestudeerd.

Bij een snackbarachtig eettentje waar hij iedereen kende, besloten we wat te eten. Ondertussen werd hij voortduren gebeld door andere BN'ers, dus zat ik mijn salade in mijn eentje op te eten. 'Waar wil je heen?' vroeg BN'er toen het eten van tafel was. 'Panama', zei ik. 'Eigenlijk wil ik niet op stap', zei BN'er. Had hij dan misschien, net als ik, een verdekt opgestelde vijfenzestigplusinstelling? 'In het uitgaansleven word ik overal herkend en daar heb ik geen zin in', legde hij uit. 'Zullen we naar Zandvoort gaan?' stelde ik voor. Een half uur later droeg BN'er mij de boulevardtrap op. Het was volle maan en we liepen met blote voeten over het strand.

Dat was best romantisch en we hadden al even gezoend. Toch maakte ik me een beetje zorgen over de romantische status van BN'er. Hij was steeds met zijn mobiel in de weer. Inmiddels had hij het over trio's, orale versnaperingen en avonturen buiten de bedstede.
Nu ben ik niet vies van gezellige gesprekken over intimiteiten uit een ver verleden, maar om dat op een eerste date, of überhaupt met je (aankomende) geliefde te doen, vond ik wat ver gaan. Dat zei ik niet. Ik leek vaak heel stoer, maar op cruciale momenten was mijn assertiviteit ver te zoeken. Ik besefte dat BN'er helaas niet de leuke, gewone vent was die ik me had voorgesteld. Dat was teleurstellend. Maar nu ik dan toch in Zandvoort liep met het zand tussen mijn tenen en een knappe man naast me, inclusief volle maan boven me, besloot ik niet flauw te doen en op dezelfde voet verder te gaan.

Om te beginnen zag ik een strandbedje, waar we best even op konden zitten. Later bezochten we het fameuze omkleedhokje. Ook geestig. Toen wilde BN'er ergens anders heen (lees: het vertier in huiselijker sferen voortzetten). In het kader van de complete malaise aangaande relatiemateriaal, ging een oppervlakkig verzetje er best in. Het geheel moest immers wel wat opleveren. BN'er was continu met zichzelf en zijn mobiel bezig. Tussendoor had hij wel wat levenskwesties aan de kaak gesteld aangaande groepsseks, lesbopraktijken, grote geslachten en buitenspelen voor gevorderden, toch had ik het lichte vermoeden dat hij volstrekt niet geïnteresseerd was in waar ik mij in het dagelijks leven mee bezighield, laat staan met wie hij nou eigenlijk over het strand liep. Door het opschepperige gedrag van BN'er was ik reuze benieuwd naar wat voor ster hij in bed was. Eenmaal thuis werd helaas vanaf minuut één duidelijk, dat het sololiedje dat hij al de hele avond afspeelde zich tevens in huislijke sferen liet klinken. Tijdens het ontbijt liet BN'er mij gniffelend een filmpje zien van een vrouw. Ze klaagde over mannen en om haar stil te krijgen, kreeg ze een mannelijk geslacht in haar gezicht gedrukt.

Bij het afscheid zei BN'er dat hij mij graag nog eens wilde zien. Ik hem ook, maar dan uitsluitend op tv.

## 11. Boekenwurm

*Wie de wijsheid zoekt, is wijs. Wie zich verbeeldt de wijsheid gevonden te hebben, is een dwaas.* de Talmoed

Voor de verandering had ik een personeelsfeestje. Het uitje was van een groot bedrijf waar ik niet iedereen kende. Tijdens het diner kwam ik in gesprek met een zeer belezen man. Hij had succesvol opgetreden als mediator tijdens een arbeidsconflict van het bedrijf. De man leek me een aangenaam persoon, maar vanuit het singlefront kreeg ik doorgefluisterd dat het een gebonden kerel was. In die tijd luidde mijn motto 'Alles kan kapot'. Dat zei ik vooral om mensen te choqueren en dat lukte met name voortreffelijk bij juppenmeisjes die net een Japanse commode à zesduizend-driehonderd-en-vijfennegentig euro hadden aangeschaft voor de door Jan des Bouvrie ingerichte babykamer in het zojuist gekochte dubbel appartement in Oud-Zuid. Maar laten we wel wezen: er zat vooral iets van frustratie in. Inmiddels werd ik natuurlijk tamelijk flauw van het geheel.

Boekenwurm en ik praatten over werk, werk en werk. Soms probeerde ik het over het nieuws of de krant te hebben, maar Boekenwurm keek geen TV en las geen krant. Dat leidde volgens hem alleen maar af van de kern van het leven: je persoonlijke ontwikkeling. 'Via je werk kun je jezelf uitmuntend ontwikkelen,' zei Boekenwurm, 'en verder natuurlijk door veel boeken te lezen.' 'Goh,' dacht ik, 'een man die zich bezighoudt met zijn persoonlijke ontwikkeling. Dat is eigenlijk wel een heel goed idee voor mij. Gebrek aan mannelijke introspectie zou misschien de reden kunnen zijn van al

94

die geflopte toestanden. Een goed ontwikkelde man, dat is precies wat ik nodig heb!' Boekenwurm en ik hadden nog meer interessante gesprekken over coaching, management, fusies en recente ervaringen op de werkvloer. Werk-technisch gezien wisselden we kaartjes uit, waarna ik naar huis ging.

Enkele dagen later sms'te Boekenwurm.

> Ik zit in de Balie te werken. Heb je zin straks een vorkje mee te prikken bij Wagamama?

Ik ben niet zo'n fan van Aziatisch eten, maar ik verheugde me erop om Boekenwurm weer te zien. In de woktoko, vlakbij het Leidseplein, te midden van joelende toeristen, koks en muziek, hadden wij diepgaande gesprekken over Het Zelf, succesvol ondernemen en leven in het NU. 'Heb je zin om nog ergens wat te drinken?' vroeg Boekenwurm. We liepen naar de Weber in de Marnixstraat. Daar was het nog altijd amusant. Niet veel later lagen wij innig verstrengeld tussen de lakens. Ook dat was best tof. Daarna moest hij er, in het kader van de vriendin, rap van tussen.

Vervolgens drentelde ik piekerend door mijn appartement. Al gauw kwam ik tot de conclusie dat ik niet in de wieg gelegd was voor minnares of aanrommelmiepie, laat staan dat ik de intentie had een beginnetje te maken aan een scharrelnetwerk. Ik besloot Boekenwurm meteen een mail te sturen.

Hej Boekenwurm,

Het is allemaal snel, spontaan, non-rationeel en apart gegaan. Nu pas begin ik een beetje na te denken en de inhoud van mijn gedachtegoed wil ik graag met je delen.

Ik heb geen zin in one night stands, halfbakken gedoe en wellusnietuszooi, met of zonder knipperlicht. Ik heb mijn overtuiging laten varen toen ik met jou een leuke avond had. Ik weet dat je een gebonden man bent. Ik weet niet wat jouw verwachtingen zijn. Ik heb in ieder geval geen zin om slechts je minnares te zijn. Daarvoor ben ik veel te waardevol. Bovendien doe ik niet aan parttime liefde.

Ik vind je een leuke vent, ons fysiek samenzijn was aangenaam, maar lukraak aankloten komt mij mijn neus uit. Ik weet niet in wat voor (relationele) situatie je je bevindt en dat is ook verder niet mijn pakkie an. Mocht je een volwassen, respectvolle, gezellige, echte relatie willen en misschien wel met mij, dan wil ik je graag beter leren kennen.

Niemand van het bedrijf weet ervan en dat houd ik uiteraard zo. Ik heb respect voor je werkzaamheden en verwacht dat wij op werkgebied op een normale manier met elkaar kunnen blijven communiceren.

X
Elia

Boekenwurm stuurde de volgende dag een mail terug.

Hoi Elia,

Bedankt voor je mail. Ik vond onze avond ook zeer aangenaam en ik vind je een mooie en bijzondere vrouw. Ik heb op het moment een prima relatie en ik ben niet van plan om daar iets in te wijzigen.

Op werkgebied denk ik dat wij in de (nabije) toekomst elkaar vast zullen treffen en ik ben blij dat wij beiden vinden dat op normale wijze communiceren en wellicht ooit samenwerken nog steeds aan de orde is.

Het ga je goed!
Boekenwurm

Hoe goed kan je relatie zijn, als je een hele avond spendeert aan een andere vrouw en daar zelfs mee in pornomodus belandt? Dat gaat er bij mij niet in. Ik kon nu wel ontzettend kwaad worden op Boekenwurm, de grootste sukkel was ik natuurlijk zelf. Ik had vooraf kunnen bedenken dat deze onderneming nergens toe zou leiden.

Twee dagen later zat ik met Klaagvriendin in café Thijssen aan de Lindengracht. 'Waarom heb je het contact meteen afgekapt. Wat is er mis met een lekkere minnaar?' vroeg ze toen ik vertelde over Boekenwurm. Ik had helemaal geen behoefte aan een minnaar. Op elke straathoek kun je een minnaar scoren, daar zit 'm de uitdaging niet in. 'Nou, ik vind het een gemiste kans!' riep Klaagvriendin toen ik haar dit zei. 'Zal ik je eens wat verklappen,' zei Klaagvriendin giebelend, 'ik heb op dit moment vier minnaars!' 'Gefeliciteerd,' zei ik op verveelde toon. 'Ben je jaloers?' vroeg ze. 'Absoluut, lijkt me heerlijk om wekelijks vier verschillende pikken over me heen te laten gaan, precies wat ik zoek, kunnen we ze niet delen?' zei ik cynisch. 'Doe nou niet zo granny', zei ze. 'Zit er ook relatiemateriaal bij?' vroeg ik, 'je wilt per slot van rekening kinderen.' 'Van minnaars mag je niets verwachten, daar mag je alleen op dat moment van genieten', zei Klaagvriendin alsof ze het voorlas uit 'Het Handboek voor Hedendaagse Minnaars'. Ze nam een slok rode wijn. 'Vanavond heb ik afgesproken met Ruben. Ruben is de leukste, maar wel zo'n moeilijk type. Hij probeert door te breken als schrijver, maar omdat hij geen vertrouwen heeft in zichzelf lukt dat niet bepaald. Uit frustratie maakt hij de prachtigste schilderijen, maar hij is niet in staat ze te verkopen. Hem zie ik twee keer per week, altijd bij mij.' Klaagvriendin keek mij verwachtingsvol aan. 'Hmhm', zei ik dus maar. 'Nou en dan hebben we Paul. Paul is vijfenveertig, getrouwd, heeft drie kinderen en is altijd geil.' Ze lachte ondeugend. Het was vreemd Klaagvriendin zo te horen praten. In Groningen was zij de braafheid zelf. Hier in Amsterdam ontpopte zij zich tot nymfomaan. Prima verder, mooie verhalen, één brok inspiratie. 'Tygo zie ik standaard op dinsdagavond. We gaan eerst uit eten of naar de film en dan bij hem langs. Meestal blijf ik bij hem slapen. Tygo is echt een schatje, maar nogal sullig. Maar ... hij heeft een megapaal. Soms weet ik niet waar ik het laten moet!' Ik knikte. 'En dan hebben we nog mijn buurtman, die woont om de hoek. Lekker makkelijk. Heb ik alleen vluggertjes mee.' Klaagvriendin nam opnieuw een fikse teug van haar rode wijn. Ze keek me vluchtig aan. 'Voelt het als een verrijking in je leven?' vroeg ik. 'Jezus, wat zit je irritant te doen, alsof jij zo'n heilige bent!' schreeuwde ze. Ik vertelde over Boekenwurm, over hoe ik er van baalde dat ik alleen maar op randfiguren viel, dat ik ook wel eens zin had in een zondag samen, met ontbijt, krant in bed en later wat wandelen in de regen.

'En dan denk ik hoe ziet zo'n casanova zichzelf over tien jaar?'

'Ik weet niet, ik hoop dat ik dan superdegelijk gesetteld ben', antwoordde Klaagvriendin, terwijl het niet de bedoeling was dat zij mijn vraag beantwoordde.

Een half jaar later ontving ik, geheel onverwacht, een sms'je van Boekenwurm:

> Hoi mooie bijzondere vrouw, hoe gaat het met jou en de business? Lang niet gezien. Ik zit in de Vergulde Gaper. Zin in lunch? X

Op dat moment was ik voor een culinaire reis naar Toscane. Twee weken later sms'te ik terug.

> Was voor werk in b'land. Met mij goed en met jou? X

Boekenwurm nodigde me uit voor een etentje bij hem thuis. Ik wist me te herinneren dat hij destijds samenwoonde. Waarschijnlijk was de relatie met zijn vriendin over. Boekenwurm woonde intussen in Zuid-Oost en ik moest met de metro naar hem toe. Reizen met het openbaar vervoer is niet bepaald mijn grootste passie. Van alle mogelijke vervoersmiddelen staat de metro op de laatste plaats. Mijn bejaarden-*spirit* krijgt dan de overhand. Overal zie ik dieven, verkrachters en terroristen. Ik verdenk mensen ervan voor de metro te springen en mij dan mee te trekken. Of dat ze rotzooi op de rails gooien, waardoor de hele boel ontspoort. Ik gokte er dus maar op dat ik niet 's avonds laat terug moest met dat onding.

Boekenwurm zag er minder flitsend uit dan ik mij wist te herinneren. Hij oogde een beetje stoffig, alsof hij te lang op een plank had gelegen. 'Supergoed', antwoordde Boekenwurm op mijn vraag hoe het ging, 'het gaat me voor de wind!' 'Verder nergens om, maar als het zo goed gaat blijf je niet voor de gezelligheid in Zuid-Oost wonen', vond ik. 'Wonen vind ik niet belangrijk. Dit is goedkoop en ik ben toch bijna nooit thuis', legde hij uit. Ik gokte erop dat Boekenwurm met dat 'bijna nooit thuis zijn' doelde op zijn tachtig-urige werkweek en niet op het continu heen en weer reizen tussen zijn huis en dat van zijn lat-vriendin. Ik had geen zin in een diepte-interview over de aard van zijn relationele status. Boekenwurm wilde daar zelf gelukkig ook niets over kwijt.

Waar hij wel een boekje over opendeed was dat hij weer wat interessante literatuur had verslonden. Zowel op werkvlak als voor zijn persoonlijke ontwikkeling, wat voor Boekenwurm overigens van hetzelfde laken een pak was. Tijdens het eten raaskalden we wat over de zojuist gelezen werkgerelateerde literatuur. Aan het dessert kwamen we niet toe. Kennelijk vond hij andere dingen heel soms belangrijker dan boeken. Aanvankelijk

was het wederom een boeiend samenzijn met Boekenwurm. Totdat hij zich van Boekenwurm ontpopte tot
oorwurm. Licht gezoen aan een oorlel is altijd welkom,
maar om mijn gehoorbeentjes uit te zuigen als een setje
oesters, is niet iets waar ik heimelijk naar verlang. Hoewel ik vreesde als een dove kwartel het pand te verlaten, durfde ik er niets van te zeggen. Het ge-oorwurm
was een afknapper. Ik werd van het geheel überhaupt
niet euforisch. Allemaal wel interessant kunst- en vlieg-
werk, dacht ik, maar ik voel niks.

Aangezien ik in geen maanden seks had gehad en ik
had gelezen dat dat niet gezond is, liet ik me verleiden
tot een nieuw avontuur,

Toen ik de volgende ochtend na het douchen de woonkamer inliep, zat Boekenwurm ter afwisseling in een
boek. 'Dit is werkelijk een aanrader!' riep hij enthousiast. Het bleek een theoretisch verklarend boek te zijn
over de natuurlijkheid van vrije relaties. 'Na het lezen
van dit boek weet ik zeker dat ik nooit meer een monogame relatie wil aangaan', zei hij glimlachend. Die
nacht had ik weinig gevoeld, nu straalde een bevesti-
gend staaltje oppervlakkigheid mij van achter iets lite-
rairs tegemoet. 'Ik wil alles op seksgebied uitproberen',
ging hij verder. 'Alles?' vroeg ik. 'Ik weet zeker dat jij
je, alleen om het eens uit te proberen, nooit zult laten
onderschijten door een stel ledernichten.'

Opeens had ik het vermoeden dat Boekenwurm niet alleen al zijn wijsheden uit boeken haalde, maar zijn hele
leven.

'Zullen we de volgende keer gaan dansen in Odeon?' vroeg Boekenwurm bij het afscheid nemen. Wat was dat toch steeds met die mannen? Ze dachten allemaal dat ik een giga-uitgaanstijger was, terwijl ik in mijn vrije tijd het liefst in een afgelegen berghut rondhing. 'Ja, leuk!' riep ik terwijl ik de trap afjakkerde, wetende dat ik Boekenwurm nooit meer zou zien. Naar iemand die zelf niet in staat is een beetje logisch na te denken, heb ik nimmer verlangd.

## 12. Smiley

*Soms lijkt het net alsof ik een toekomst heb.* een ex

Ik had het helemaal gehad met mannen. Was er dan misschien iets mis met mij? Iets heel aparts, dat ik zelf niet in de gaten had omdat het op mijn rug geplakt was? Misschien was ik niet hip genoeg voor Amsterdam of had ik een antenne voor foute mannen. Misschien was ik zelf een foute vrouw. Ik besloot 'het hoofdstuk man' op een laag pitje te zetten.

Het werd kerst. Single vriendinnen om mij heen stortten als door de bliksem getroffen treurwilgjes in elkaar. Na van verdriet de hele stad te hebben leeg gekocht, keken ze naar Bridget Jones-films en vonden zichzelf zo zielig dat ze bakken met ijs verdiend hadden en daarna nog friet moesten, met appelmoes, heel veel wijn en natuurlijk chocolade. Ik maakte mij, daags voor kerst, op om naar het familiediner te gaan. Om er nog wat van te maken kocht ik een feestelijke outfit en besloot ik, bij wijze van verzetje, het koken op me te nemen. Mijn broertjes van drie en zeven jaar jonger hadden langlopende relaties, dreigden te gaan samenwonen en eerder kinderen te krijgen dan ik. Als oudste moest ik wederom met een denkbeeldig lege stoel naast me, een hele dag en avond gezellig doen (lees: dapper zijn). Op die kerstavond belde ik mijn broer van drie jaar jonger. Hij begreep dat het voor mij een tikkeltje treurig was om solo te komen aanwaaien met kerst. 'Nou,' zei mijn Broer om mij op te beuren, 'je moet het maar zo zien: wij hebben allemaal een relatie, maar jij hebt de meeste seksappeal.' Een verloren ziel met seksappeal. Geweldig.

Om te vieren dat ik weer een singlekerst bij de familie zonder kleerscheuren had doorstaan, besloot ik mij in te schrijven bij relatieplanet.nl. Van Reisgenootje, die weer terug was in Nederland, vernam ik dat dit dé site was. Zij had daar binnen een maand een geweldig sympathieke vent opgeduikeld. Inmiddels hadden ze plannen om te gaan samenwonen in Haarlem. Ik vulde mijn profiel in. Zodra ik on line was, bekeek ik de profielen van mannen, of eigenlijk: denderde ik als een bezetene door de fotogalerij. Nu heet de site 'relatieplanet' en dat doet vermoeden dat mensen op zoek zijn naar een relatie. Wat mij echter ogenblikkelijk opviel, was dat er hoofdzakelijk ontblote bovenlichamen te zien waren met bijbehorende profielen van de afdeling 'niet bepaald helder licht'.

**Profiel Black Stalion**
Iets over mijzelf: 1.80, gespiert en groot (je weet tog?!?)
Wat ik in mijn partner zoek: lief, leker
Wat je echt van Black Stalion moet weten: gewoon geselig

In mijn relatieplanet mailbox stroomden mails binnen van dit soort hengsten. In het begin reageerde ik met een standaard afwijzing, maar al gauw kelderde ik alle flut mails regelrecht in de virtuele prullenmand. Soms ontving ik lange mails van desperado's met gedichten, liedteksten en persoonlijke verhalen. Ik verstuurde dan met pijn in mijn hart een afwijzing. En slechts heel af en toe kreeg ik een bericht van iemand waar ik op in ging. Zelf op zoek gaan bleek het meest zinvol. Op een dag keek ik buiten Amsterdam en daar vond ik Smiley uit Utrecht.

Smiley had een leuke foto van zichzelf op de site geplaatst. Niet met een dolfijn, in duiktenue of met zijn ex-vriendin eraf geknipt, maar chillend op een bootje met een frisje (!) in de hand. In zijn profiel klonk hij zowel serieus als grappig, ambitieus als relaxed. Hij zocht een vrouwelijke versie van zichzelf, een zelfverzekerd type dus. Ik stuurde een berichtje en ontving later op de dag een mailtje terug. De week erop spraken we af op een vrijdag. Ik moest in Utrecht zijn voor zaken en kon aansluitend met Smiley een kroegje pakken. Tegen een uur of vijf belde ik hem om de exacte plaats en tijd te bepalen; zes uur in Zussen naast Broers in de Korte Jansstraat.

Omdat ik niet zo gek veel te doen had in de tussentijd, stapte ik de Bijenkorf binnen. Daar kocht ik andere oorknopjes, want nu ik Smiley aan de telefoon had gehad wist ik zeker dat hij een 'koorbal' was. Oogverblindende lichtroze oorknopjes waren noodzaak. Daarna was ik zoals altijd weer veel te vroeg. Ik weet het, het is verre van trendy, maar het vijfenzestigplusbloed kruipt waar het niet gaan kan. Bovendien vond ik het wel hip om eerst zelf een exclusief wijntje van de kaart te kiezen en het me naar de zin te maken.

Terwijl ik daar stoer aan mijn exquise wijntje nipte, schrok ik me ineens wild. Ik kon me niet meer voor de geest halen hoe Smiley er uitzag. Zenuwachtig dacht ik aan boten en flesjes frisdrank in de hoop dat zijn gezicht terugkwam, maar wat ik ook peinsde, in mijn hoofd liepen slechts de chocomel kerel, de Cola-Cola light man en het Seven-Up poppetje voorbij. Verant-woordelijkheden loslaten heb ik met de jaren geleerd; misschien herkende hij mij wel meteen. Even later kwam een man met licht zoekende blik op mij af. 'Ben jij Smiley?' vroeg ik de man. 'Nuhj', zei de man en hij keek me aan alsof ik een internetdate had. Daarna kreeg ik een sms'je van Smiley:

> Ben je er al bijna?

Smiley was al in Zussen, zonder dat ik het in de gaten had gehad. Ik werd supernerveus; misschien was hij heel lelijk en stom en dan moest ik daar de hele avond wat mee. Ik stuurde een bericht terug:

> Ik zit aan de bar.

Een nieuwe man met zoekende blik kwam op mij af. Ik durfde niets te zeggen, straks was het weer iemand an-ders. Maar Smiley herkende mij en we begroetten el-kaar. Hij was best een leuke verschijning, maar niet bepaald woest aantrekkelijk. Smiley had een jongens-achtig gezicht met blauwe pretoogjes en wilde blonde krullen. Zijn bovenlichaam had afhangende schouders en een jeugdige borstpartij, maar zijn benen en billen hadden zich, door hockey, prettig gevormd. Het werd tijd mijn kritische blik over boord te gooien. Misschien was dit wel die geweldige vent waar je tenminste eens wat aan had!

Smiley nam hetzelfde exclusieve wijntje. Na kort ge-hakkel begonnen de interessante gesprekken. We zaten best wel op één lijn. 'Goh,' dacht ik, 'een man waarmee ik op één lijn zit, dat is eigenlijk wel een heel goed idee voor mij. Dat ik dat steeds over het hoofd heb gezien! Daar gaat het natuurlijk gewoon om; eensgezindheid.' We waren allebei bezig met het opbouwen van een gedegen carrière en gaven prioriteit aan ons werk. Zowel hij als ik had een koophuisje in het centrum. We deden allebei frequent aan sport en gaven alle twee veel om onze oma's. Al pratend wandelden we naar Popocatepetl in de Nobelstraat. Daar spraken we over het overdreven vroege trouwen en kinderen krijgen van mensen om ons heen, seks op de eerste date, monogamie, samenwonen en voorwaarden tot succes in de liefde. Smiley deed zijn naam eer aan. Het was een vrolijke avond vol vertier. Na alle Mexicaanse heerlijkheden moest ik een trein pakken, aangezien ik ook op zaterdagen de werkende vrouw uithing.

Eenmaal buiten in de kou stonden Smiley en ik te klappertanden, tot hij me zoende. Daar had Smiley kaas van gegeten. Al gauw hingen we semi-flatteus tegen een muur en later rolden we voor de variatie wat over straat. 'Wat is dit kinderachtig, hè?' merkte Smiley op. 'Ontzettend', zei ik en we rolden nog wat door tot ik de trein moest halen. Het was half twaalf en ik mocht er in mijn eentje heen lopen. Als vreselijk verschrikkelijk onafhankelijke vrouw deed ik alsof ik dat doodnormaal vond, maar feitelijk zag ik het als een afknapper. Het klinkt anti-Opzij, maar ik hou ervan als een man alles doet om je in veiligheid te brengen.

Tegelijkertijd met het internet daten had ik, op aanraden van Klaagvriendin, hoogstaande literatuur aangeschaft: 'Wees slim in de liefde' van Dr. Phil. In dit boek werd geadviseerd de man eerst een partijtje zwoegend te laten jagen. Smiley had dit overigens in onze gesprekken beaamd. Dus ik besloot niets te doen op sms-vlak. Toen ik in de trein zat ontving ik een bericht van hem.

> Was gezellig vanavond!
> Zin om vlgnd wk in A'dam
> te meeten? X

Een zwoegend partijtje laten jagen ... hm ...

> Ben benieuwd wat je voor
> bijzonders gaat verzinnen
> ... X

We aten die zaterdagavond bij G$^e$spot op de Prinsengracht. Na het eten liepen Smiley en ik richting Suzy Wong, de cocktailbar waar Vraagstuk en ik eens zaten. Op het eerste bruggetje lasten we een zoenpauze in. Weer viel me op dat Smiley bijzonder goed kon zoenen. Het duizelde me zelfs lichtelijk. In Suzy Wong was het druk, maar wij propten ons tussen twee tafeltjes in. Smiley haalde een biertje voor zichzelf en een Anna Mui voor mij. Ik kwam in gesprek met twee Londense vriendinnen die naast mij zaten en graag naar Jimmy Woo wilden. Onmiddellijk raadde ik het hen af en legde uit dat de doorbitch zelfs te kritisch was voor New Yorkse begrippen. De twee Londense vriendinnen en ik werden in één minuut hartsvriendinnen. Dr. Phil was neergestreken op mijn schouder en fluisterde in mijn oor: 'Dit is een fantastisch onafhankelijke zet. Laat hem maar wat frutten met een bierviltje.' Smiley werd een beetje grappig, daarna sikkeneurig en ging zich mengen in het geprek. Dat werd niet geaccepteerd door mijn nieuwe vriendinnen. Dat had op zich niets met Smiley te maken, maar het was een man en dat was sowieso foute boel. Na een aantal cocktails zwalkten Smiley en ik naar huis. Daar beleefden we spannende avonturen.

De laatste keer dat ik een 'volgende dag' had meegemaakt met een prettig persoon, was een fikse tijd geleden. En naar aanleiding van alle topervaringen die daarna plaatsvonden, was mijn verwachting aangaande 'de volgende dag' nul.

Na het ontbijt (!) stelde hij voor om naar het strand te gaan. En dat was nog niet alles: ik mocht rijden in zijn nieuwe Saab. Ik zag dat als een teken van extreem vertrouwen, van respect voor vrouwen en ... van liefde. Want laten we wel wezen: welke man laat een vrouw zomaar in zijn nieuwe auto rijden? Later vertelde Klaagvriendin dat het naar alle waaschijnlijkheid een leasebak betrof. Al rijd je die compleet in de prak, als 'leaser' draai je nooit voor de kosten op.

Op het strand wilde Smiley niet hand in hand lopen. 'Laat hem zijn onafhankelijkheid nog maar even koesteren', tetterde Dr. Phil in mijn oor. 'De laatste keer dat ik op het strand liep, was ik met een vriend en zijn vriendin die net een baby hadden gekregen', vertelde Smiley, terwijl hij een steen wegsmeet. 'Die vriend van me ploegde met de wandelwagen door het zand, terwijl zijn vriendin mekkerde over het tempo.' Toen was het even stil. 'Daar heb ik dus geen behoefte aan', zei hij abrupt. Smiley liep een eindje vooruit en Dr. Phil herhaalde zijn eerder genoemde wijsheid. Even later gooide Smiley een arm om mij heen en begon me te zoenen. In Parnassia dronken we thee. Daar krioelde het van de kinderen. Ik aanschouwde dat niet bepaald als een hartverwarmend tafereel. 'Daar ben ik dus nog lang niet aan toe', riep Smiley luid. Dr. Phil dook weer op. 'Geef hem de tijd. Dit zegt 'ie nu. Niet serieus nemen dus', siste hij in mijn oor. Op de terugweg hing er een aparte sfeer in de Saab. Smiley zette mij bij huis af en zei dat hij er van door moest. Jammer vond ik het wel, maar ik deed 'luchtig sportief', want Dr. Phil gaf aan dat dat het beste was. Smiley ging de week erop tien dagen naar New York, dus ik zou hem een tijd niet zien. 'Loslaten!' riep Dr. Phil streng en hij maakte er zelfs een serie meditatieve armbewegingen bij.

Gelukkig ontving ik al snel een sms'je.

> Heb je zin om voor New York nog ff bij mij te komen eten? X

Dat vonden Dr. Phil en ik een goed teken. Smiley zou sushi maken. Op donderdagavond ging ik met de trein naar Utrecht. Daarna met de bus. Smiley was niet van het wegbrengen en ophalen was kennelijk ook niet zijn grootste hobby. Hij had doorgegeven dat ik bij een Albert Heijn moest uitstappen. Ik stond al enkele minuten vernikkelend van de kou te wachten op enig teken van leven van Smiley. Na een dik kwartier belde ik hem op. Hij zei dat hij me telefonisch naar zijn huis zou begeleiden. 'Dat had hij wel even eerder kunnen zeggen!' riep een kwaad stemmetje in mijn hoofd. Voordat ik het in de gaten had streek Dr. Phil op mijn schouder neer. 'Tut, tut, Elia Dijkman, kalm aan!'

Smiley had zich uitgesloofd met Japanse lekkernijen, wijn en een kaarsje. Na het eten, waarbij boeiende gesprekken de boventoon voerden, vervolgden wij onze avond op de bank met een dvd'tje, kussens en een lekker warm dekbed. Na een kwartier vonden Smiley en ik het onder het dekbed interessanter dan boven, waardoor het verder kijken van de 'Da Vinci code' zinloos was. Wij zochten het bed op. Daar verwachtte ik iets delicaats. Dankzij ettelijke glazen wijn moest ik eerst naar het toilet. Toen ik terugkwam meldde Smiley droog: 'Ik heb geen zin meer.' Het wellesnietesspelletje begon mij de keel uit te hangen. Met klaarwakkere blik tuurde ik naar het keurig gewitte plafond. Ik moet wat *doen*! dacht ik. Dr. Phil wilde mij een tip geven, maar met één ruwe armbeweging veegde ik hem van mijn schouder en ging in bad. Toen ik er net in zat, kwam Smiley met bezorgde blik vragen of het goed ging. 'Flitsend!' riep ik. Hij wilde dat ik weer naar bed kwam. Van afdrogen en crèmepjes smeren maakte ik een gigantische soloshow. Weer verscheen Smiley in de badkamerdeur. 'Je gaat toch niet weg ofzo?' vroeg hij. Mooi, dacht ik, het werd tijd dat Smiley wat minder zelfverzekerd, arrogant en onafhankelijk gaat doen. Eenmaal in bed omarmde hij mij. 'Ik ben een moeilijk mannetje', waarschuwde hij. Ik vroeg mij af wanneer ik ooit een makkelijk mannetje zou tegenkomen. 'Jij altijd meteen met je het is niks, flikker maar over de heg', hoorde ik Dr. Phil Eliaans levelen. Hij had gelijk. Ik moest hem een kans geven. We hadden toch boeiende gesprekken en veel grappen samen? En als we fysieke aangelegenheden aangingen was het bovengemiddeld in orde.

111

De volgende morgen stelde Smiley voor samen te gaan winkelen. Dat vonden Dr. Phil en ik een goed teken. Op weg naar het stadscentrum van Utrecht kwamen we vrienden tegen van Smiley. Hij stelde mij aan hen voor. Ook dat vonden Dr. Phil en ik een waar mogelijk nog beter teken. Eenmaal in een kakzaak in de stad hechtte Smiley er belang aan welk shirt ik mooi vond. En dat vonden Dr. Phil en ik een buitengewoon positief signaal. De hakken van mijn zwarte laarzen waren volledig versleten. Smiley ging regelen dat de schoenmaker ze meteen maakte. Dr. Phil en ik wisten niet wat we meemaakten! Bij de roltrap naar Hoog Catharijne (toppunt van romantiek) namen wij afscheid. Smiley zou twee dagen later naar New York vliegen.

Die nacht ontving ik een sms'je:

> Dit is voor het eerst sinds tijden dat ik echt iets voor iemand voel. XXX

Dr. Phil wierp mij een winnaarsblik toe, terwijl we allebei moesten lachen.

Tijdens Smiley zijn afwezigheid werd ik uitgenodigd door de Culinaire Universiteit Nijmegen om een culinaire masterclass bij te wonen. En daar was Klik, die ik kende van jaren terug. Ik betrapte me erop dat ik, wanneer Klik mij zou vragen of ik zin had om bijvoorbeeld samen te gaan lunchen, geen nee kon zeggen.

Van Smiley kreeg ik tijdens zijn verblijf in New York één mager sms'je.

Verder vernam ik niets. Toen hij twee dagen terug was, belde ik hem op. We keuvelden over zijn vakantie tot ik hem op de man af vroeg: 'Wat is nou eigenlijk precies de bedoeling?'

Dr. Phil gebaarde allerlei sus- en stopbewegingen, maar die negeerde ik. 'Ik vind het gewoon leuk, verder niks', zei Smiley. 'Waar ging dat berichtje dan over op de avond voor je vertrek?' 'Hè? Wat bedoel je? Welk sms'je?' vroeg Smiley verward. 'Dat berichtje waarin je aangaf dat je voor het eerst sinds tijden echt iets voor iemand voelde.' 'Daar kan ik me niets van herinneren,' zei Smiley, 'ik was die avond vast dronken ofzo.'

Voordat ik losbarstte slaakte ik een diepe zucht. 'In het wilde weg aankloten ken ik nu zo langzamerhand wel. Ik heb het volledig gehad met slappehapfiguren en van die halfbakken toestanden.' Dr. Phil liep rood aan, de stoom kwam uit zijn oren. 'Ik krijg oprispingen van wik- en weegmongolen.' Dr. Phil bonkte met zijn hoofd tegen de muur. 'Ik ben doodmoe van het wachten op een sms'je, het analyseren van een sms'je en eigenlijk zelfs van het ontvangen van een sms'je. En om die redenen, Smiley, hoef ik je niet meer te zien.' Dr. Phil kukelde van zijn spreekstoel en ik hing op.

# 13. Klik

*We zijn er bijna, we zijn er bijna, maar nog niet helemaal.*
Onbekend, maar zeer bekend.

Begin 2000 volgde ik een cursus wijnproeven in Groningen. Een enthousiaste Drentse man begeleidde de
cursus. Hij vertelde de mooiste verhalen over wijn aangaande kleur, kwaliteit, grond en gebied. De eerste les
ging over rode wijnen, de tweede over witte. Vervolgens kwamen sherry's en mousserende wijnen aan bod.
De laatste vier lessen behelsde wijn in combinatie met
de Franse keuken; welke wijn past bij welk Frans
streekgerecht? Tijdens deze achtweekse cursus viel
mijn oog op een aantrekkelijke man. Ik had echter een
relatie met Eerste Echte Liefde en die hele leuke man
was zelf ook in een relatie verwikkeld. Ondanks die
verbindingen schenen wij beiden een klik te voelen, die
pas zeven jaar later werd uitgesproken. Dus wij glim-
lachten naar elkaar en roerden eenmaal samen in een
klein pannetje.

Toen ik al enkele jaren in Amsterdam woonde en werd
uitgenodigd door de Culinaire Universiteit Nijmegen
(CUN) om een masterclass bij te wonen, ontmoette ik
Klik opnieuw. Op dat moment zat ik wat te klooien met
Smiley en was bovendien niet op de hoogte van de
relationele status van Klik. Klik scheen zich na de
betreffende wijncursus te hebben omgeschoold van
docent aardrijkskunde op een middelbare school tot
docent culinaire wetenschappen en bleek sinds kort
werkzaam te zijn bij de Culinaire Universiteit Groningen (CUG). 'Voel je er wat voor om ergens in februari

een gastcollege te verzorgen?' vroeg hij. Dat leek mij wel wat. Ik had best een aardig verhaal te vertellen. Bovendien vond ik Klik nog altijd even aantrekkelijk. En dat terwijl hij in de verste verte niet voldeed aan mijn oorspronkelijke ideaalbeeld van krullen met licht bourgondische inslag. Klik had kort zwart haar, een gespierde borstpartij en een six-pack. Maar als ik alleen al de hele dag naar zijn stem mocht luisteren, zou ik de gelukkigste vrouw op aarde zijn.

In maart 2007 trok ik mijn mooiste jurk aan en reed naar de CU in Groningen. Dat ik straks voor een groep van ruim driehonderd studenten mijn verhaal moest afdraaien was een grapje tussendoor. Ik zou Klik weer zien en dat was zo zenuwslopend dat de rest in het niet viel.
Tijdens het college dwaalden mijn ogen stelselmatig af naar de deur. Maar Klik zou de deurkruk niet naar beneden duwen en de deur openen om plaats te nemen op de lege stoel op de eerste rij. Op weg naar huis werd ik door hem gebeld met de vraag hoe het was gegaan. Een uur later waren we nog in gesprek. Ik smolt van zijn stem. Hij was niet alleen geïnteresseerd, maar ook zeer onderhoudend. Totdat hij midden in zijn verhaal het gruwelwoordje 'wij' liet vallen. Even leek het alsof de vrachtwagen voor mij een heipaal had laten kletteren, die mijn hersenpan doorboorde. Met stekende koppijn rondde ik niet veel later het gesprek af. Tot Amsterdam zat ik bedwelmd voor mij uit te staren, mijzelf hoofdschuddend te verbazen over de zoveelste Verloren Zaak die ik leuk vond. Maar toen ik uitstapte en de felle zon op mijn schouders voelde, rechtte ik mijn rug en dacht ik aan mijn motto: ALLES KAN KAPOT!

Niet echt een credo om trots op te zijn, laat staan na te streven, maar inmiddels had ik niet meer zo'n hoge pet op van verbindingen. Laat staan dat het in me opkwam dat dit motto inhield dat wanneer ik ooit zelf een relatie zou hebben, deze kapot zou kunnen gaan door een andere vrouw met dezelfde levensovertuiging.

Ik besloot het te laten rusten. Tot ik enkele dagen later met Reisgenootje op stap ging in Amsterdam. We spraken af bij Vinomio aan de Stadhouderskade. 'Hoe gaat het met je?' vroeg ik toen ze een kwartier te laat haastig en zwaar verregend op me af kwam lopen. 'Over vijf minuten vast beter dan nu', zei ze. Reisgenootje vertelde dat ze nog steeds zielsgelukkig was met haar internetman, waar ze inmiddels mee samenwoonde in Haarlem. 'Jij ook een wijntje?' vroeg ik. 'Nou ...' begon Reisgenootje op aankondigende toon. Volgde ze een antibioticakuur? Deed ze een maandje zonder alcohol? Wilde ze afvallen? 'Ik ben drie maanden zwanger. Doe mij maar appelsap!' joelde ze. Even later vroeg Reisgenootje hoe het met mij ging en vertelde ik haar over de onmogelijke casus Klik. 'Ik vind dat je dit verder moet onderzoeken. Niet met het doel een relatiecrisis te veroorzaken, maar om voor jezelf te ontdekken wat je nou precies zo geweldig aan hem vindt', raadde ze me aan. Aangezien ze daar een punt had, mailde ik Klik de volgende dag met de vraag of hij zin had om samen met mij te gaan eten, wanneer ik weer in het noorden was. Dat vond hij een goed idee. Heel toevallig moest ik die week in het noorden zijn om op de honden van mijn vader te passen, dus spraken we af op vrijdag de dertiende. Twee dagen later zei hij af. Klik had een afspraak uit de gezamelijke agenda over het hoofd gezien. Waar was ik eigenlijk mee bezig?

Op woensdag, de eerste dag in het noorden, voelde ik me op de één of andere manier ongekend goed in mijn vel, lijf en hoofd. Na wat italiaanse boodschappen te hebben gehaald schonk ik mijzelf een Montepulciano'tje in en tikte wat op mijn laptop. Opeens bedacht ik me dat ik Klik zou kunnen sms'en met de vraag of hij zin had om vanavond Italiaans te komen eten. Nog geen vingerknip later belde Klik. 'Ik ben er over een half uur.'

'Dan moet ik gauw mijn slamperpak verruilen voor iets anders', zei ik licht geschrokken. Terwijl Klik lachte, deed ik alvast mijn geitenwollen sokken uit. Dit is waarschijnlijk een grapje, flitste het door mijn hoofd. Hij komt vast niet ... zit ik hier straks in mijn sexy outfit op een stuk papardelle te kauwen met uitzicht op twee hondjes in hun mandje.

Klik parkeerde zijn Volvo Amazone op de oprijlaan en kwam aanlopen. Het leek onecht. Wat deed hij hier? We werden op slag melig van het buitenissige geheel. Klik was nerveus. Ik probeerde daarom de stoere, zelfbewuste vrouw uit te hangen. Even later dronken we een wijntje, terwijl ik kookte en wij gezellig praatten. Het was net of Klik zojuist uit zijn werk was gekomen en wij zoals gebruikelijk de dag doornamen. Het eten was lekker, de wijn smaakte subliem. En koffie op de bank kon er ook nog wel bij.

Door het verkassen van de eet- naar de woonkamer was de sfeer omgeslagen van 'gemoedelijk' spannend naar 'onvermijdelijk' spannend. 'Mag ik je zoenen?' vroeg Klik plotseling. Wij lagen enige tijd verstrengeld op de bank. Om half elf moest hij weg.

Ik voelde me raar en blij. Verder voelde ik niet zo veel. Dat hij later die avond met een ander in bed zou liggen, was een thema waar ik niet langer dan een halve seconde over nadacht.

> Zullen we vrijdag uiteten gaan? X Klik

Dat leek mij een fijn plan, sms'te ik.

> Leuk! We moeten dan ook serieus praten. X Klik

Dat leek me wat minder.

Vrijdag zaten wij wat onwennig op het terras van Soestdijk in de Kromme Elleboog. De twijfels joegen door mijn lijf. Klik had namelijk niet alleen al twaalf jaar een relatie, woonde namelijk niet alleen dik twee uur rijden verderop, hij was ook nog vijftien jaar ouder dan ik. Na een rode wijn realiseerde ik me dat ik helemaal niets moest, laat staan iets moest beslissen. De avond fladderde aan me voorbij. Klik zag er niet alleen supermannelijk uit met zijn gespierde lichaam en stoere gezicht, hij leek alles in huis te hebben wat ik vond dat een man moest bezitten.

*Verlanglijst Elia*

1. *Goed kunnen luisteren*
2. *Open kunnen vertellen*
3. *Oorspronkelijk zijn*
4. *Humor hebben*
5. *Sociaal zijn*
6. *Zich kwetsbaar durven opstellen*
7. *Sportief zijn*
8. *Lekkere benen hebben*
9. *Fysiek sterk zijn*
10. *Mooie stem hebben*
11. *Smaak hebben*
12. *Interessante baan hebben en daar echt plezier aan beleven*
13. *Behendig en beheerst kunnen autorijden*
14. *Galant zijn*
15. *Rust uitstralen*

'Goh,' dacht ik, 'dat verlanglijstje van mij kan nog zo langdradig zijn, het enige dat echt telt is de klik. Zou dat het zijn wat er al die keren aan had ontbroken?'

In Cervantes op het Kattendiep wilde Klik serieus praten. Ik gaf hem twee minuten, dat liep wat uit de hand. 'Hoe nu verder samen?' vroeg Klik. 'Dat weet ik niet', antwoordde ik. Na een aantal kroegen te hebben bezocht, verklapte het klokje dat het twee uur was. Klik fietste een eindje met mij op, wat er op neerkwam dat hij mij tot tweehonderd meter voor de deur afzette. Op een bankje kleumden we wat tegen elkaar aan. Even later zag ik Klik wegfietsen. Is dit de man van mijn leven?

> Het was een heerlijke
> avond samen met jou,
> Elia. Slaap lekker. X

Vervolgens liep Kliks relatie op de klippen. Die scheen gedurende drie jaar al niet meer veel vreugde teweeg te brengen. Ik was de druppel die de emmer deed overlopen. Klik en ik sms'ten en belden elke dag. Wij hadden beiden de smaak goed te pakken, maar Klik liep verreweg aan kop:

> Denk voortdurend aan je!
> We moeten praten Elia.
> You're in my system! X

Dat praten kwam er niet van, want ik ging met Wijze Vriendin tien dagen naar Italië. Vlak voor mijn vakantie stuurde Klik een verrassende mail.

Elia,
Helaas lukt het ons niet meer om elkaar te treffen voor je vakantie. Ik had graag – nog voor dat je met je vriendin naar Italië gaat – persoonlijk met je gesproken over ons en onze gezamenlijke 'klik' en eventuele toekomst. Helaas moet ik je langs deze (minder persoonlijke) weg vertellen dat ik toch geen toekomst zie voor ons beiden. Ik heb hier echt erg veel (dag en nacht!) over nagedacht de afgelopen dagen, maar het komt er op neer dat ik mezelf veel te oud vind voor jou – 15 jaar lijkt nu misschien een te overbruggen leeftijdsverschil, maar dat is het natuurlijk niet en zeker niet over 10 of 20 jaar als jij 'een jonge vrouw in de bloei van haar leven' bent en ik

een oude zak. Ten tweede is Amsterdam – Groningen een fysieke barrière. Een lange afstandsrelatie is niks voor mij. Als ik er voor ga, ga ik voor de volle 100%. Maar het allerbelangrijkste: ik zit nog in een relatie, Elia – dat moeten we ons goed beseffen. Hoewel Ex en ik van mening zijn dat er heel veel moet veranderen, zijn we wel weer 'on speaking terms' (zoals dat zo mooi heet). We willen kijken of en hoe we samen verder kunnen. Dat laatste heeft tijd nodig, dagen, weken, misschien wel maanden. Onze 12-jarige relatie willen we niet van de ene op de andere dag opgeven.

Daarom lijkt het me beter jou ook geen valse hoop te geven. Jij moet verder met je leven, net als ik. Wat we samen hadden/hebben was fijn, mooi, voelde erg goed, en ik vind je nog steeds leuk, aardig, lief, mooi en ook erg bijzonder, maar ik denk dat het een onmogelijke liefde is.
Ik hoop echt dat je begrip hebt voor mijn standpunt. Nogmaals ik had je dit liever 'face to face' verteld, maar dat lukt helaas niet. Ik vind dat ik (vooral nu zo vlak voor je vakantie) eerlijk moet zijn en je in ieder geval niet met hoopvolle gevoelens over een eventueel 'toekomstig iets' tussen ons op vakantie moet laten gaan.

Als je hierover nog wilt praten (telefonisch) dan is dat natuurlijk okay, maar liever niet binnen nu en maandag. Ik zit echt heel erg slecht in mijn vel (wat depressief) en wil graag even tot mezelf komen.

Soms denk ik dat ik gek aan het worden ben, mijn gedachten gaan dan ongecontroleerd met me op de loop – alsof ik in een slechte film zit – helemaal niks voor mij. Ik ben iemand die altijd de touwtjes graag in handen

121

heeft. Verder is het beter om niet meer op dit mailadres te antwoorden. Ex en ik hebben hetzelfde postvak en ik wil haar hier niet extra mee belasten. Ze weet van ons – ik heb haar alles verteld over onze date en onze gevoelens (alleen niet dat we gezoend hebben). Ze was natuurlijk kwaad, teleurgesteld in mij en vooral heel erg verdrietig.

Nogmaals Elia, dat wat ik voor je voelde was heel speciaal en ik vind je geweldig inspirerend en leuk. Maar blijkbaar kan het niet. Dat wat we samen hadden zal ik nooit vergeten!
Klik

Ik mailde meteen terug.

Lieve Klik,
Naar aanleiding van 'you're in my system', 'ik wil met je praten hoe het verder moet met ons' en 'als onze liefde duidelijk was zou ik meteen mijn koffers pakken en naar Amsterdam komen', kwam jouw laatste mail nogal onverwacht.

In deze mail geef je aan de touwtjes graag in handen te willen hebben. Dat blijkt, want je vult het een en ander voor mij in. Omdat ik graag toelicht hoe ik er over denk, mail ik je. Liever zou ik een brief schrijven en per post versturen, maar dat kan niet. Nog liever sprak ik in levenden lijve met je af, maar dan vooral in het kader van gezellig samenzijn.

Ik vond je altijd al een leuke en sympathieke man. Ik wist dat je ouder was. Ik schatte je 40 jaar. Een vriend hebben van 44 jaar op je 29ste is niet echt iets om over op te scheppen. Dat je een op de klippen gelopen relatie hebt en in het noorden woont, maakt het geheel niet bepaald toegankelijker. Bovendien zou ik het hoofdstuk 'kind' wellicht definitief moeten afsluiten en zou ik te maken krijgen met ouders, vrienden en kennisen die er wat van zouden vinden. Als je nadenkt een groot fiasco. Toch wilde ik je graag beter leren kennen. Dat wil ik nog steeds.

Als ik iemand tegenkom die ik interessant vind, ontdek ik graag in alle rust wat hij voor mij betekent, wat ik voor hem beteken en wat we voor elkaar betekenen.

Misschien zou het nooit iets worden. Misschien zou het plots heel passioneel worden, zodat direct op vakantie gaan en snel samenwonen vanzelfsprekendheden zouden zijn. Ik kan en wil niets garanderen, zoals het leven an sich geen enkele garantie geeft. Ik kan niet verder gaan waar jij en Ex zijn opgehouden. Ik denk nooit tien, twintig jaar vooruit. Nu is nu. Misschien ben ik wel dood over vijf jaar. Als ik bij iemand wil zijn, dan wil ik bij iemand zijn, ook al woont die persoon in Tokio of Lapland. Je leeft immers maar één keer.

De beslissingen van je laatste mail zijn mijns inziens gebaseerd op rationaliteit. Dat is een optie. Maar dat is niet hoe ik in het leven wil staan. Het ene moment sms je 'I can't get you out of my head' en het volgende moment voel-*de* je iets voor mij. De ene dag **moet** je mij zien, de andere dag kan je mij nooit meer zien. Dan denk ik: kat-in-het-nauw-maakt-rare-sprongen-regie. En dat herken ik wel. Als ik iemand echt leuk vind, waardoor ik me kwetsbaar moet opstellen, dan vind ik dat best moeilijk. Het makkelijkste is dan (in het kader van angst en vermijdingsdrang) om het geheel overboord te mikken. De makkelijkste weg is niet altijd de beste weg. Ik zou het heel vreemd vinden als ik je nooit meer zou zien. Het voelt onaf. Mocht je dat werkelijk liever willen, dan kan ik niets anders doen dan me neerleggen bij jouw besluit. Het is jouw leven en je maakt ervan wat je er van wilt maken. Wat je ook kiest: ik hoop dat je oprecht gelukkig wordt.

Veel liefs,
Elia

Nadat Klik mijn mail had gelezen, belde hij op. 'Je hebt helemaal gelijk', zei hij. 'Ik wil ons helemaal niet weg-mieteren. Maar ik zit midden in een crisis en weet niet hoe dit verder gaat.' Dat wist ik natuurlijk evenmin.

Tijdens mijn vakantie in Italië sms'ten we af en toe. Na thuiskomst ging de wellesnietes-show op volle toeren verder. Klik wilde mij graag weer zien, maar was te 'depri' en niet toonbaar omdat hij teveel was afgevallen en dat zou ik dan niet aantrekkelijk vinden. Bovendien moest hij allerlei zakelijke shit regelen met Ex. Hadden we eindelijk een afspraak staan, dan sms'te hij twee dagen van tevoren af.

Kortom: de meest ongeduldige vrouw op aarde werd danig op de proef gesteld. Een maand later belde hij. 'Zal ik met Pinksteren naar Amsterdam komen?' Dat leek mij geweldig, maar na het ophangen ging ik er vanuit dat hij drie minuten later zou sms'en om de zo-juist gemaakte afspraak af te zeggen. Die berichtgeving bleef uit. Een week later liep Klik de trap van mijn ap-partement op, om vervolgens terug te gaan naar zijn

auto en een bos bloemen te halen. Er heerste een ongemakkelijke sfeer. Ik had weliswaar enthousiast gemaild
hoe geweldig ik hem vond, maar was dat in werkelijkheid wel zo? Zou hij niet opeens hele slechte humor
hebben, dom zijn, mij claimen of slechts drie centimeter in de aanbieding hebben? Ik kreeg het een beetje
benauwd en een stevige wandeling leek me daarom een
goed idee.

We besloten uit te wapperen in de Kennemer duinen.
Na weken lipstilte werd er eindelijk weer gezoend en
werd de sfeer wat losser. 's Avonds aten we bij Proef op
de Overtoom, fietste Klik een romantisch rondje door
het Vondelpark met mij achterop, dronken we koffie bij
Vertigo en gingen we samen naar huis. 'Het is heerlijk
om bij je te zijn!' riep Klik enthousiast, toen we terug-
fietsten naar mijn appartement. Het was overweldigend
hem weer te zien en weer samen te kunnen zijn. Wat
was ik absurd verliefd op deze man!

Fully fysiek gaan met iemand waarvan ik het vermoeden had op korte termijn te gaan houden, was het spannendste wat me overkwam in jaren. Van de zelfverze-
kerde stoot die doorgaans allerlei showtjes weggaf, was
niets meer over. 'Mag het licht uit?' vroeg ik, alias muf
vogeltje. Maar oefening baart kunst en al gauw hadden
Klik en ik de smaak te pakken. Dat de klik niet alleen
mentaal maar ook lichamelijk zo buitengewoon bijzonder was, maakte dat het me duizelde. De volgende dag
wilden Klik en ik toch nog iets ondernemen.
'Zullen we naar World Press Photo gaan?' vroeg ik.
Toen we krap vijf minuten op de fiets zaten, brak er
noodweer los. We moesten schuilen bij Ovidius in
Magna Plaza. Toen ik daar zat, als een nat geregend

hoopje, mijn handen warmend aan een cappuccino, werd ik ineens kotsmisselijk van de gedachte dat ik Klik ook weer moest missen. Hij merkte dat het niet echt jofel met mij ging en pakte mijn handen. 'Ik ben verliefd op je,' zei hij, 'ik ga je ook enorm missen, maar volgend weekend kom ik weer en vanavond blijf ik slapen.'

Toen hij de volgende ochtend om half zes wegreed om op tijd op zijn werk te kunnen zijn, voelde het alsof ik van mezelf wegreed. Het nieuwe stukje Elia waar ik het zo geweldig mee kon vinden, bestond niet zolang hij er niet was. Ik merkte dat werken en mijn agenda volknallen met afspraken ervoor zorgden dat Zaagmans snel weer van de partij was. Voor ik het wist kon ik mij weer richten op het volgende weekend met Klik.

Er volgden vele fantastische weekenden met Klik, zoals het weekend dat Klik naar mijn tv-optreden van Ikook kwam kijken, mijn ouders en broer ontmoette en wij aansluitend naar Bergen aan Zee gingen. Er was een weekend van picknicken in de woonkamer, samen sporten, uit eten gaan, samen naar verjaardag van Wijze Vriendin gaan (op vrijwillige basis), sauna bezoeken en dvd kijken. Er was een weekend van een heel end fietsen, van samen koken en van vacatures zoeken voor culinair hoogleraar bij de Culinaire Universiteit van Amsterdam (op zijn initiatief). En iedere maandagochtend om half zes stond ik als Raponsje-laat-je-vlechten-neer met verlangende blik afscheid te nemen. 'Ik hou van je', riep Klik vanuit zijn Amazone en hij reed weg.

Een weekend in juni gingen we naar Maastricht. We verbleven in het hotel waar Klik eerder was geweest met Ex. Ik had daar gemengde gevoelens over. Misschien was het juist een goed teken; deed de scheiding hem zo weinig dat hij het aankon geconfronteerd te worden met allerlei herinneringen.

Die avond gingen we uit eten in een aangenaam restaurantje. Tussen het voor- en hoofdgerecht door gaf ik Klik mijn huissleutel met een kaart en ontving ik van Klik een cadeautje met onderstaande tekst op een briefkaart.

*Lieve Elia,*
*Wat goed is en goed voelt komt snel. Bij jou heb ik*
*mijn plek gevonden. Je inspireert me en geeft me alles*
*wat ik wil. Nu nog samen 'ons plekje' vinden, lieverd!*
*Ik hou van je,*
*X*
*Klik*

We huilden van geluk en moesten allebei even bijkomen op een bankje op het binnenplaatsje van het restaurant om te beseffen dat dit echt was. Op zondagavond, na een kort bezoek aan een Italiaans restaurant, zaten wij op de bank met een glas wijn. Ik voelde me helemaal te gek en begon er in te geloven dat het wel eens heel leuk en vooral ook blijvend zou kunnen worden samen met Klik. 'Hoe nu verder samen?' vroeg hij. Dat was niet de eerste keer dat hij mij die vraag had voorgeschoteld. Op die avond ging ik er serieus op in. We hadden er immers al groots over gefilosofeerd. Klik had naar vacatures in Amsterdam gekeken en geïnformeerd naar huizenprijzen in Bergen aan Zee. 'Hoe precies weet ik niet,' zei ik, 'maar ik geloof er in.' Klik zweeg en keek een beetje moeilijk. 'Ik kan me niet voorstellen dat ik *niet* bij jou zou willen zijn', zei ik met een glimlach. 'Dat dacht ik ook toen ik het net met Ex had', zei hij opeens afstandelijk. 'Gaan we niet wat te snel?'

Deze ongeduldige vrouw kreeg wederom een zware beproeving te verwerken. Ik voelde me belazerd door zijn: 'Ik hou van je', 'Ik wil je alles geven wat je wilt', 'Jij bent de meest bijzondere vrouw die ik ooit heb ontmoet' en meer van dat soort lukraak bij elkaar gesprokkelde letters uit het alfabet. Toch bleef ik rustig, begripvol en transformeerde tot een levende steunpilaar. Dat werd de volgende dag rijkelijk beloond met twee berichten:

> Gvd Elia, wat ben je een lieve schat, je weet precies datgene te zeggen wat ik nu nodig heb. Mede daarom hou ik van je. X

> Kut .... wou dat je nu bij me was! Alhoewel het allemaal wel (te?) snel gaat wil ik jou Elia. X

En weer volgden er een reeks heerlijke weekenden. Er kwam een weekend van samen koken, uitgaan, teveel wijn drinken, bezoek aan Ikea, samen een autoband verwisselen, endje fietsen en daarna loungen bij Onassis aan het IJ. 'Op fysiek vlak heb ik nog nooit zoiets meegemaakt!' riep Klik. Ik was er zelf ook helemaal van ondersteboven. Maar vanaf zondagavond zes uur verkeerde Klik steevast in een depressie. Het verschil tussen onze adembenemende weekenden en het afronden van een relatie van twaalf jaar was een verschil van dag en nacht en daar had Klik zichtbaar moeite mee. De ongeduldigste vrouw op aarde werd voor de derde keer op de proef gesteld. Ik vond dat ik al prestaties van Olympische waarde had neergezet, maar kennelijk was dat niet voldoende.

Het ene moment was ik boos, het volgende moment de gelukkigste vrouw van het noordelijk halfrond. Het ene moment wist ik zeker dat hij bij haar terug zou gaan, het andere moment las ik zijn liefdesverklaringen en rook ik aan de frisse bos rozen die Klik mij had gegeven. Het ene moment zag ik ons samen in een boerderijtje in het bos, het volgende moment zag ik sterretjes. Kreeg ik een leuke mail, dan leefde ik op, kreeg ik lange tijd geen sms'je dan stierf ik bijna.

Er kwam een weekend van chique uit eten, museumbezoek en picknicken op een nietszeggend dijkje. 'Ik ben ontzettend gelukkig met jou,' zei Klik, 'ik zie het helemaal zitten tussen ons.' Hij wilde met mij op vakantie en ik regelde dat ik twee weken vrij was. 'Soms vraag ik me af of je geen vlucht bent', zei Klik op weer zo'n zondag na zessen.

We hadden afgesproken dat Klik gedurende de eerste twee weken van zijn vakantie bij mij logeerde, terwijl ik nog aan het werk was. Wat een droom om te werken, terwijl er thuis een man op je wacht. Te mooi om waar te zijn! Inderdaad. Eerst zou hij twee dagen later komen.

Toen zou hij een week later komen. Vervolgens was het volstrekt onduidelijk wanneer en of hij zou komen. Hij kon weer in zijn huis, omdat Ex weg was. Hij *moest eerst* als een bezetene naar meubelboulevards en tuincentra, om zijn huis zo snel mogelijk als het zijne te markeren. Hij *moest eerst* het taxatierapport afwachten, zolang hij dat niet had kon hij niet uit Groningen weg. Hij *moest eerst* alles op financieel vlak beproken hebben met Ex. En pas dan zou Klik naar Amsterdam komen. Ondanks alle tegenslagen hield ik goede moed, want ik was met elke minuscule lichaamscel vastgekoekt aan het droombeeld Klik&ik. Het idee dat ik hem kwijt zou raken, deed me kokhalzen. Dus ik gaf hem tijd, rust en ruimte.

Maar ik voelde hem wegglippen. Hij had me zoveel hoop gegeven door tig keer te zeggen dat hij van me hield en verschrikkelijk verliefd op me was, door mijn ouders te willen ontmoeten, door mee te gaan naar de verjaardag van Wijze Vriendin, door na elk weekend pas op maandagmorgen half zes te vertrekken naar zijn werk, door passionele sms'jes te sturen en door mij steeds weer te vertellen dat hij zo snel mogelijk met mij samen wilde zijn. In werkelijkheid distantieerde Klik zich van mij.

Uiteindelijk kwam hij voor twee dagen naar Amsterdam. Mijn verwachtingen ten aanzien van onze relatie waren inmiddels gedaald tot ver onder het vriespunt. Overdag kon ik mijn paniekgevoelens goed beteugelen, 's nachts sliep ik slecht. Bijvoorbeeld omdat Klik midden in ons gesprek over wat we tijdens de vakantie zouden doen, in slaap viel. Mijn angst dat die vakantie helemaal niet doorging, laat staan onze relatie, werd levendiger dan ooit. Voor het eerst was ik kwaad. Ik had goddomme alle moeite van de wereld gedaan vervanging te regelen om twee weken samen te zijn en nu moest ik straks waarschijnlijk in mijn eentje iets doen. Inclusief liefdesverdriet. Maar ik liet mijn twijfels en angst niet zien. Ik was één en al steun en toeverlaat voor Klik en hield de moed er vrolijk in.

Het kon toch immers niet zomaar afgelopen zijn tussen ons? Dit moest iets tijdelijks zijn. Hij is gewoon in de war nu. Dat trekt straks weg en dan kunnen we weer praten over dat huisje in Bergen aan Zee, over die hondjes, over die baan voor hem. Kortom: we zouden voor altijd gelukkig samen zijn.

Met volle onzekerheid begon ik op zondagmiddag aan onze vakantie, die we – zo hadden we besloten – in Nederland zouden doorbrengen. Klik begon meteen serieus. Hij wilde mij ophalen bij mijn oma en daarna mijn vader en zijn vrouw ontmoeten. Vervolgens een heel romantisch etentje in Assen. In Groningen konden we niet dineren, vanwege Ex. Ex wist niets van ons. Niemand in het noorden wist iets van ons. In mijn leven had Klik kennisgemaakt met vele vrienden en familieleden, in zijn leven bestond ik niet.

Op de terugweg reden Klik en ik via een landweggetje naar zijn huis. De volle maan scheen door de bomen en ik aaide, zoals altijd tijdens het autorijden, zijn sterke, mannelijke, hand. 'Ik ben heel gelukkig', zei Klik. Eenmaal thuis hield ik er rekening mee dat hij mij, na het showen van zijn optrekje, terug zou brengen naar mijn oma, zodat ik daar kon slapen. Ik besloot deze vakantie te genieten van wat ik had: een relatie met een leuke man. Ik zou het hem niet moeilijker maken, dus geen gecompliceerde vragen stellen. Als er iets was, moest hij er zelf mee komen.

De anderhalve week vakantie in eigen land samen met Klik was een van de leukste anderhalve weken die ik ooit meemaakte. We hadden interessante gesprekken, gingen samen sporten, koken, boodschappen doen, zijn huis aankleden, winkelen, zijn tuin op orde maken, een dagje naar Vlieland, rondrijden in het gebied waar Klik opgroeide, uit eten en zonnen bij het Paterswoldse meer. We lachten veel, toostten aan één stuk en zochten de slaapkamer minstens driemaal daags op. De laatste paar dagen waren we in Amsterdam. We fietsten, verdwaalden in de Makro, lunchten, kookten en wandelden. Op de laatste dag gingen we naar 'Das Leben der Anderen', een film over Oost-Duitsland en de Stasi. Klik moest huilen om de film. Ik om Klik. Het was een warme, zwoele avond. We liepen hand in hand terug naar mijn appartement. Wat was ik gelukkig! Klik gaf steeds aan hoe geweldig hij mij vond, hoe blij hij met mij was, dat hij het zag zitten met ons. Dat zette mij tot nadenken.

Ik vroeg mij af hoe het straks verder ging als Klik weer full-time aan het werk was bij de CUG en ik twee uur verderop mijn leven leidde. Ik dacht aan hoe ik het Amsterdamse leven de laatste tijd steeds hectischer vond, dat ik meer rust wilde en dat ik samen wilde zijn met Klik.

'Wat vind jij belangrijk in een relatie?' vroeg Klik toen we thuis in bed lagen. Ik vond het een beetje een vreemde vraag, want we wisten na alle door hem aangezwengelde gesprekken over 'hoe nu verder samen', precies van elkaar wat we wensten in een relatie. Maar nu hij er weer over begon, leek het mij een mooi aanknopingspunt. 'De afgelopen dagen heb ik dus ehhm, heb ik dus een beetje, ik bedoel heb ik eens diep nagedacht over ons', hakkelde ik. Getver, waarom zit ik zo te stumperen?, flitste het door mijn hoofd. Klik was vast opgelucht dat ik deze stap wilde zetten. Hij zag er immers tegenop om te gaan werken bij de mega-CUA en vond Amsterdam eigenlijk veel te druk. 'Ik denk er over om over een tijdje naar het noorden te verhuizen, zodat we samen kunnen zijn', zei ik. Hij wist wat ik opgaf wanneer ik Amsterdam verliet: mijn vrienden, mijn huis, mijn interessante baan en goede salaris. Klik staarde doods voor zich uit. Vervolgens begon hij te huilen. 'Ik zit continu met mijn hoofd in mijn vorige relatie,' snikte hij, 'ik denk steeds aan alle leuke dingen die ik met Ex heb meegemaakt. Ik voel me schuldig omdat ik haar zoveel verdriet heb gedaan.' Ik kon niet huilen, ik kon niet schreeuwen, ik kon niet praten, ik kon niet relativeren, ik kon alleen maar overgeven. 'Ik voel me niet gelukkig', snikte Klik.

Ik had anderhalve week op een roze wolk gezeten, terwijl hij klaarblijkelijk het gevoel had gehad in de hel te bivakkeren. Ik kon het niet geloven. Was ik scheel, doof en mentaal gehandicapt tegelijk? Ik had geen enkel teken van Klik doorgekregen dat hij zich niet goed voelde en uitgerekend op de laatste dag en vlak voor mijn vakantie naar Kreta, kreeg ik de misselijk makende waarheid gepresenteerd.

De volgende dag zette ik Klik op de trein. Ik zwaaide hem niet uit, maar liep voor vertrektijd weg. Twee minuten later ontving ik een sms'je:

Geniet van je vakantie,
Elia. Ik hou van je! X

Dit was een uiting van opluchting, wist ik. Thuis schreef ik Klik een mail. Ik wenste geen contact met hem te hebben tijdens mijn verblijf op Kreta. Ik kon het niet meer opbrengen het ene moment dolblij te zijn over een lief berichtje, om het volgende moment chagrijnig te worden omdat hij niets van zich liet horen of liet weten dat hij zich zorgen maakte om Ex, die aan de drank was geslagen.

Omdat ik maandenlang van de Mount Everest naar het Challenger Deep was gesleurd, was ik gebroken. Op dag één van mijn vakantie begon de aftakeling, op dag drie kon ik niets meer. Ik was zieker dan ooit. Op een zwak moment belde ik Klik. 'Onze afspraak vrijdag na jouw vakantie kan niet doorgaan', was het eerste wat hij zei. 'Ik kom zaterdagavond', vervolgde hij. Hij vond het sneu dat ik ziek was, raadde me aan goed te eten en gauw een dokter te bezoeken. Toen wist ik het bijna zeker: Klik had al lang afscheid van mij genomen.

De volgende dag bezocht ik een arts. Door het verwaarlozen van een blaasontsteking, bleek ik inmiddels nierbekkenontsteking te hebben. Daarnaast werd ik geteisterd door een hoofdpijnmarathon, maar mocht geen aspirine meer slikken, want dat was te belastend voor mijn maag. Na het doktersbezoek hing ik van de pijn half scheef in een stoel, terwijl mijn hoofd op exploderen stond. 'Straks moet ik weer aan al mijn vrienden en familie vertellen wat voor sukkel ik ben in relatieland', jankte ik, 'Straks ben ik weer helemaal in mijn eentje en moet ik weer alles alleen doen.' Wijze Vriendin was blij dat ik eindelijk mijn verdriet toonde. Ik vond dat ik gefaald had. 'Klik geeft niks om mij en heeft mij gebruikt als vlucht, pleziertje en grapje tussendoor!' schreeuwde ik heel hard de bergen in, omdat dat volgens Wijze Vriendin ontzettend zou opluchten.

Zaterdag na mijn vakantie kwam Klik zoals afgesproken om zeven uur op bezoek. Hij aaide wel aan mijn been, maar ik voelde afstand. Hij luisterde naar mijn vakantieverhalen, maar was er niet bij. Klik zat namelijk te wachten op het moment waarop hij mij kon vertellen dat hij nog eens goed had nagedacht. 'Ik ben ook bij Ex geweest', biechtte hij op. Ik voelde minder dan niks. 'Seks met je Ex is heel normaal, dat vindt de buurman ook', zei Klik. 'Ik hou van je, ik ben verliefd op je, maar ik kan dit niet', zei hij. 'Ik dacht dat we zouden praten', antwoordde ik koeltjes. 'Dit is een mededeling.' Ik kon niet huilen, ik kon niet schreeuwen, ik kon niet praten, ik kon niet relativeren, ik kon zelfs niet overgeven. Even later vertrok Klik.

De eerste twee dagen was ik verdrietig. Daarna pakte ik al zijn spullen en deed alles in een doos, samen met een afscheidsbrief en liep richting het postkantoor. Ik verwachtte geen reactie. Gelukkig maar, want die kwam niet.

# Bezinning

We leven in een tijdperk waar 'jong' positiever wordt ontvangen dan 'oud'. Maar zolang ik me kan herinneren verlang ik naar mijn dertigste verjaardag. Als ik dertig ben, word ik eindelijk serieus genomen door bedrijven, uitgeverijen, ouders, kortom door iedereen. Een scala aan mogelijkheden zal zich aan mij openbaren, waarschijnlijk zelfs hardnekkig opdringen. Niet langer zal men mij 'meisje' noemen, ik zal met 'mevrouw' worden aangesproken. Ik zal gewild zijn op allerlei fronten, boeken uitgeven en eindeloos succesvol zijn.

Ik werd negenentwintig, maar dat deed me weinig. Temeer omdat dit volstrekt geen indruk maakte op de buitenwereld. Bij elke uitgaansgelegenheid vroeg men steevast of ik in aanmerking kwam voor studentenkorting en werd ik stoïcijns versierd door embryonale verschijningen.
Wacht maar, dacht ik, als ik dertig ben bezit ik in één klap die maturiteit die nodig is om voor vol te worden aangezien. Maar toen liep de relatie met Klik op de klippen en besefte ik dat het helemaal niet tof is om dertig te worden zonder een man. Het had zelfs iets sneus.

Het was al augustus. Ik werd spontaan onwel van mijn gedachten over de aankomende decembermaand die bol stond van verjaardagen van familieleden, Sinterklaas, oud op nieuw en Kerstmis. Voor het eerst in mijn leven wilde ik die hele decembermaand regelrecht in het vuilnisvat kieperen. Ik zou allerlei familieleden moeten uitleggen dat het wéér uit was en waarom. Ik zou wéér de kersteditie van *All You Need Is Love* zonder persoonlijk referentiekader moeten kijken. Maar bovenal zou ik wéér als oudste van het gezin met een denkbeeldig lege stoel naast me moeten aanschuiven aan de kersttafel, terwijl mijn jongere broertjes aan de handjes van hun vriendinnetjes frummelden.

Het werd september. Tijdens het pensioenfeestje van mijn vader kwam ik in gesprek met een vriendin van de familie. 'Ik vernam dat het uit is met Klik', begon ze. 'Wat ontzettend naar voor je.' Heel meelevend natuurlijk, maar wat moet je ermee? En toen, terwijl ik nimmer had gedacht dat iets dergelijks ooit tegen mij zou worden gezegd, prevelde zij de meest afgezaagde woorden die ik ken: 'Ik weet zeker dat jij de ware nog wel tegenkomt.' Helaas, ik had mijn door-de-grond-zak-apparaat thuis laten liggen.
Enkele dagen later kwam ik Vrmlg Studiegenoot tegen. Klaarblijkelijk had ze tijdens onze laatste ontmoeting in Binnen Buiten de man van haar leven ontmoet. Ze liep vol trots met kinderwagen en zwangere buik te paraderen in het Vondelpark. Ik had net mijn derde rondje hardlopen achter de rug en was verre van toonbaar. Enthousiast ratelde zij over haar man en kind. Ik vertelde over mijn werk, tot ze mij interrumpeerde. 'Ik moet er weer vandoor. Tijmen heeft om tien uur kids pilates. Dus. Hoe staat het eigenlijk met de liefde?' Op zo'n

moment zou je direct moeten weglopen. Maar dat durfde ik niet, dus hakkelde ik wat. En toen, en dit zag ik
echt niet aankomen, vroeg ze mij: 'Of val je misschien
op vrouwen?' Dat mensen van mij vermoeden dat ik
lesbisch ben, vind ik geen enkel punt, maar dat men
zich in het hoofd haalt te overwegen dat ik niet fair in
het leven sta, geen contact heb met mijzelf en mijn geaardheid, vind ik een regelrechte belediging. 'Als ik
lesbisch was geweest had heel Europa het geweten,' zei
ik, 'maar waarschijnlijk was ik dan net zo single als
nu.'

In deze najaarsmaanden stond mijn agenda strak van
werk en afspraken. Toch overviel mij continu een gevoel van extreme verveling. Ik werkte tien tot twaalf
uur per dag aan de mooiste culinaire projecten, schreef
culi-columns voor tijdschriften, maakte kooktripjes
naar indrukwekkende steden en adviseerde menig restaurant van amuse tot zithoek. Ter compensatie van al
die lekkernijen deed ik zo'n tien uur per week aan sport.
Daarnaast bezocht ik familieleden en was ik elke avond
verwikkeld in sociale events. Desondanks had ik het
gevoel dat spanning en sensatie nergens te bekennen
waren.

Dertig worden in mijn eentje was het schrikbeeld dat
mij iedere nacht opnieuw achtervolgde in mijn dromen.
Om mijn eindelijk-dertig-levensvreugd te kunnen vasthouden, was ik genoodzaakt een gedegen jachtplan op
te stellen. Ik had nog vier maanden om de ware Jacob
te vinden. Nu ben ik een echte doener, dus ik had me al
bijna aangemeld bij zes datingsites en wilde ik al mijn
singlevriendinnen optrommelen om samen naar Panama te gaan. Maar bij iemand die dertig wordt hoort na-

tuurlijk een andere attitude. Een introspectieve bijvoorbeeld. Dus in plaats van blind in galop ergens naar toe te jakkeren, nam ik me voor eerst alles serieus in kaart te brengen. Waarom was mijn missie tot op heden kansloos?

Sommige mensen geloven dat wanneer je problemen schematisch in kaart brengt, dat direct leidt tot een oplossing. Ik niet. Maar voor iemand die bijna dertig is, is het misschien verstandig iets te doen wat niet direct in je straatje ligt. Misschien gaf dat mij het inzicht waar ik zo naar verlangde. (zie Eliaans mannenmodel, p. 139)

Parafraserend viel ik kennelijk op de gecompliceerde, saaie, ongeïnteresseerde, onbetrouwbare man, ofwel de NIDA-man (de Niets In De Aanbieding-man). Waarom gunde ik mijzelf slechts een NIDA-man? Waarom geen lieve, zorgzame, betrouwbare man? Stak ik werkelijk zo destructief in elkaar? Moest ik misschien in therapie?

Midden in mijn overpeinzingen ging de telefoon. Het was mijn oma van drieënnegentig. Zij vroeg mij hoe het ging na de breuk met Klik. 'Nee, Elia, niks hoor met die Klik', riep ze. 'Het is gewoon een comediant!'

Al gauw kwamen we op het onderwerp 'man' in zijn algemeenheid.
'Het wordt tijd dat je eens wat anders doet, want zo ontmoet je 'm natuurlijk nooit', zei mijn oma. 'Wat bedoel je met anders?' vroeg ik. 'Een andere omgeving of gewoon een ander soort man. Een *leuk soort* man', legde Oma uit. 'Een leuk soort man,' mompelde ik, 'wat versta jij daar precies onder?' 'Nou, wat dacht je bijvoorbeeld van een politieman? Dat is echt wat voor

## Het El aanse mannen-model

| Wie? | | Waarom uit of niks? | Wie eindigde contact? | Wat voor soort man? | Welke Fase? |
|---|---|---|---|---|---|
| 1 | Tunesiër | Vreemdganger | Ik | Scorist | Het begin |
| 2 | Oude Bekende | Te saai | Ik | Saaïst | |
| 3 | Maori | Te verschillend | Ik | Normist | |
| 4 | Kalme | Te saai | Ik | Saaïst | Het rond-rommelen |
| 5 | Sportman | Te saai | Ik | Saaïst | |
| 6 | Vraagstuk | Te gecompliceerd | Ik | Problemist | |
| 7 | Pretpark | Not that into me | Hij | Problemist | |
| 8 | Docent | Not that into him | Ik | Scorist/Nixist | |
| 9 | Journalist | Not that into me | Hij | Scorist | De oppervlak-kigheid |
| 10 | BN'er | Te saai | Ik | Scorist | |
| 11 | Boekenwurm | Te verschillend | Beiden | Scorist | |
| 12 | Smiley | Not that into us | Beiden | Scorist | |
| 13 | Klik | Te gecompliceerd | Hij | Problemist | Het einde |

141

jou! Zo'n vent is tenminste te vertrouwen', vond ze. 'Tja, dat zou best kunnen,' zei ik, 'maar hoe ontmoet ik zomaar een *leuk soort* alleenstaande politieman? Ik kan moelijk het eerste de beste bureau binnenwandelen en aangifte doen van deze specifieke zoekopdracht.'

Oma luisterde niet, zij was alweer bezig met een ander goed idee. 'Wat ik laatst dacht', ging ze verder, (er zijn kennelijk mensen die nadenken over hoe ik zo snel mogelijk aan een geschikte vent kom!) 'niet meteen gaan steigeren als ik het voorstel, hè?' 'Zeg het nou maar', moedigde ik aan. 'Waarom word je niet lid van een gereformeerd zangkoor?' Ik verwachtte veel creativiteit van mijn oma, maar dit sloeg werkelijk alles, want hoewel mijn oma de negentig was gepasseerd, kon zij omschreven worden als een atheïst van het eerste uur. 'Je moet je in andere omgevingen begeven', verduidelijkte ze. 'Daar zou je wel eens gelijk in kunnen hebben, oma, maar lid worden van een gereformeerd zangkoor gaat me net iets te ver', zei ik. Het telefoongesprek bracht mijn zondagse missie op een hoger plan. Een essentiële vraag die ik mezelf moest stellen was, waar verwachtte ik de ware te ontmoeten. Ik ging nu 'vol verwachting klopt mijn hart' naar een uitgaansgelegenheid, de sportschool of de supermarkt. En op de één of andere manier had ik de illusie de vent van mijn leven tegen te komen tijdens een fietstocht (inclusief romantische botsing). Eerlijkheidshalve was er in deze contreien en tijdens deze bezigheden wel eens wat gebeurd, maar dat waren geen blijvertjes. Ik moest mij op andere locaties gaan begeven en mijn blik verruimen, want tot op heden had de hele ellende slechts stof voor een boek opgeleverd.

Op naar het volgende schema! Waarin in één oogopslag duidelijk werd waar ik naar welke leuke man zou moeten uitkijken – of me juist voor moest afwenden.

| Waar zou ik mij voor de verandering eens moeten begeven? | Waar zou ik niet of in elk geval verwachtingsloos heen moeten gaan? |
|---|---|
| Een lezing | De kroeg |
| Het museum | De disco |
| Een politieke aangelegenheid | Datingsites |
| Een sportvereniging | De sportschool |
| De kerk | De supermarkt |
| Een beurs | Het strand |
| Een singles-reis | Het buitenland |

| Wel: | En dus niet: |
|---|---|
| De ware sportman | De sportschoolman |
| De politie-/brandweerman | De gebonden man |
| De kerkelijke man | De player |
| De politieke man | De theatrale man |
| De negen-tot-vijf-man | De ondernemer |
| De singlereis-man | De gecompliceerde man |
| De kindergezinde man | De bindingsangst-man |

Voordat ik van het van Gogh Museum naar de Balie rende, me aanmeldde bij een synagoge, kerk en moskee, om vervolgens te gaan klimmen, hockeyen, bobsleeën en survivelen met singles in de bush, moest ik me eerst verdiepen in mijn eigen aandeel in het geheel. Wat straalde ik uit? Wat deed ik verkeerd? Welke negatieve patronen zaten er in mijn handelingen?

Je kunt met zulke vragen natuurlijk naar een psycholoog gaan, maar je kunt ook bijvoorbeeld je eigen geschiedenis nagaan. Dat was voor mij vrij eenvoudig, want vanaf mijn tiende hield ik dagboeken bij. De rode brandkast in mijn woonkamer was gevuld met tientallen exemplaren. Ik schreef niet elke dag. Alleen als ik me niet zo jofel voelde of met iets zat, nam ik de pen ter hand. Dat kwam mooi uit, want over die momenten ging het nu juist. Mogelijk viel er een hardnekkige levensstijl te ontdekken. Op een druilerige zondagmorgen besloot ik aan te vangen met mijn analyse.

Na een dag herinneringen ophalen had ik echt het gevoel dat ik bijna dertig werd. Wat kun je veel vergeten in een paar jaar! Al bijna begon ik hardnekkig te filosoferen over de vraag of je tegenwoordig niet alleen te maken hebt met de quarterlife crisis, maar ook de quarterlife-alzheimer. Gewoonweg omdat we tegenwoordig zo idioot veel indrukken opdoen. Maar tijd om hier over na te denken had ik niet. Ik las nog wat geschreven stukken en brieven van oude liefdes, zodat gevoelens en overpeinzingen van destijds teruggehaald werden. Na een hele dag emotioneel ploeteren, kwam ik tot zeven conclusies.

## 1. Initiatief nemen
Wat niet als een verrassing kwam, maar wel bevestigd werd in mijn dagboeken, was dat ik continu degene was die het initiatief nam. Dat stoot af. Althans, dat kan afstoten. Het is namelijk verre van vrouwelijk. We leven in een tijd waarin mannen zich sowieso afvragen wat voor nut ze nog hebben. Vrouwen kunnen tegenwoordig alles zelf. Leuk als hij een band kan plakken of brood op de plank kan brengen, maar de noodzaak is weg. De man moet het heden ten dage hebben van zijn persoonlijkheid en zijn uiterlijk. Dat kan onzekerheid in de hand werken. Wanneer de vrouw initiatieven en ideeën op de man afvuurt, wordt zijn 'nutteloosheid' onderstreept. Daarnaast kan het ook zijn dat de man

zich onzeker gaat voelen, omdat hij nooit zulke initiatieven kan verzinnen en niet weet of hij op de lange termijn interessant genoeg zal blijven voor de vrouw. 'Misschien heb je wel teveel in de aanbieding, dat schrikt af', sprak Docent al eens wijs. Ik bedacht me dat ik mannen de kans zou moeten geven initiatief te tonen. Wat mij ook geen gek idee leek was om 'het eens op zijn beloop te laten.' Hoewel ik bij de laatste wijsheid de tijd nauwlettend in de gaten moest houden.

## 2. Boogie-Woogie-Wonderland

Dat bracht mij op de volgende openbaring. Ik wist altijd tot in detail wat ik wilde en waar ik wilde dat iets naartoe ging. Met alles, dus ook met mannen. Al fietsend fantaseerde ik er lustig op los. Over hoe het van onwennig daten naar de eerste zoen zou gaan. Hoe we elkaar aanvankelijk twee tot drie keer per week zouden zien, maar al gauw niet genoeg van elkaar zouden krijgen. Over het eerste weekendje weg. Waar we naartoe zouden gaan; hoe en wanneer precies. Over dat ik voor hem zou koken; welke gerechten, uit welk land en met welke wijn. Over dat hij graag op wereldreis zou willen; waar, wanneer en natuurlijk met mij. Over zijn achternaam achter mijn voornaam. Over de mogelijke namen van onze kinderen. Over onze eerste, tweede en uiteindelijke toekomstige woonplaats; in wat voor woningen we zouden wonen en met welke buren. Over wat we elk jaar zouden doen met kerst.

Terwijl de man nog bezig was een kaartje te kopen, was ik al op het eindstation gearriveerd. Ik zou relaxter moeten doen, of in elk geval (gezien de tijdsdruk) dit moeten uitstralen. Met Boogie-Woogie-Wonderland werd het alleen maar één grote teleurstelling.

## 3. Seks = pseudo-intimiteit

Na een dagboek of vier betrapte ik mezelf er op dat ik uitgesproken veel belang hechtte aan fysieke aangelegenheden. 'Dat is verder hartstikke mooi,' zei Wijze Vriendin, die tegen een uur of drie 's middags belde, 'maar je moet niet uit het oog verliezen dat mannen volstrekt anders over seks denken dan vrouwen. Vrouwen doen keihard hun best te emanciperen, maar op dit punt lijkt het slechts een enkeling te lukken. Ik heb eens ergens gelezen dat het iets biologisch is. Een man is in staat met een vrouw te slapen en daarna verder te gaan met zijn leven alsof er niets gebeurd is. Maar een vrouw maakt allemaal stofjes aan, waardoor ze de man terug wil in haar nestje. Feitelijk is seks pseudo-intimiteit: je denkt dat je heel intiem met iemand bent geweest, maar je hebt nog helemaal niets. Menig man vindt bijna niets zo inwisselbaar en betekenisloos als seks. Een vrouw verlangt na seksueel samenzijn ook die andere intimiteiten, maar die heb je nog helemaal niet.'

Daar had Wijze Vriendin een punt. Seks hebben met iemand zorgt bijna altijd voor verwarring. Het schept een bepaalde verwachting, waarvan niemand vooraf kan garanderen dat deze uitkomt. Het lijkt op ultiem samenzijn, maar voor de één kan dat heel anders voelen dan voor de ander. En omdat je de ander misschien niet altijd evengoed kent, kun je alleen maar interpreteren en invullen hoe de ander er over denkt. Zijn hand in de jouwe bijvoorbeeld. Of dat zwoele aanstaren. Of diezelfde hand door jouw haren strijkend. Of die verrukte blik tijdens de eerste zoen. Of die rugmassage van driekwartier. Of dat romantische ontbijtje op bed. Het kán wat inhouden, maar het kan net zo goed totaal betekenisloos zijn. Kortom: eerst écht intiem worden met iemand, dan pas seks.

### 4. Bij jezelf blijven
Bladerend door mijn eigen werk merkte ik op dat ik mij altijd volledig focuste op wat *hij* van mij en ons samenzijn vond. Ik staarde mij daar zo op blind dat ik regelmatig over het hoofd zag dat ik hem niet eens (meer) leuk vond. Het hoofddoel was dat *hij* mij geweldig en onuitputtelijk aantrekkelijk vond. Waarom dat zo was, wilde ik graag weten en vond ik best een therapeutische sessie waard, maar ik had geen tijd te verliezen. De oplossing kon ik zo uit mijn mouw schudden: ik zou mij moeten richten op mijn eigen maatstaven, in plaats van in te schatten wat de zijne zouden kunnen zijn. Ik zou bij mijzelf moeten blijven.

### 5. Spanning en sensatie
Ik rookte niet, ik gokte niet, ik dronk doorgaans niet overmatig. Ik leefde in de waan absoluut niet verslavingsgezind te zijn. Toch kwam ik tot de verbazingwekkende conclusie dat ik verslaafd was aan spanning en sensatie met mannen. Zelfs negatieve spanning en sensatie leek beter dan niets. Als er maar iets gebeurde. Want, help!, wat zou er gebeuren als er niets spannends en sensationeels op mannenvlak gaande was? Dit verklaarde meteen mijn verveelde gevoel van de afgelopen periode.

### 6. Comfort-zône
Ik kon dan misschien niet zoveel met bovenstaand inzicht, ik besefte wel dat negatieve spanning en sensatie

met een NietsInDeAanbieding-man in werkelijkheid geen greintje spanning in zich had. Feitelijk was het een standaard riedeltje. Bij een NIDA-man was namelijk één gegeven altijd kristalhelder: het zou nooit wat worden. Het leek alsof ik in mijn comfort-zône verkeerde wanneer ik met een NIDA-man van doen had. Had ik misschien zélf bindingsangst? Tijd om die vraag te beantwoorden had ik niet. Het leek me verstandig me vanaf nu te richten op een man die wél iets in de aanbieding had, de WIIDA-man. Ook als hij in eerste instantie niet meteen woest aantrekkelijk leek.

## 7. Zelfbeeld

Tijdens het doorbladeren van mijn dagboeken viel mijn steeds wisselende zelfbeeld op. Het ene moment vond ik mezelf de beste, mooiste en geweldigste vrouw op aarde, het andere moment baalde ik van mijn persoonlijkheid, mijn uiterlijk en mijn gedrag. Op zich is dat menselijk. Ware het niet dat de mannen die ik op straat geregeld tegenkwam niet echt bijdroegen aan het vasthouden van een positief zelfbeeld. Meestal joelden ze mij na, floten ze en deden ranzige voorstellen. Er zijn tal van vrouwen die zich hierdoor gevlijt voelen. Ik kreeg hierdoor juist de indruk dat ik niet meer dan een geil hebbedingetje was, waar deze mannen graag even mee zouden willen rondfrutten om het daarna snel weer weg te leggen, of liever weg te gooien. De dertig naderend wist ik echt wel dat de wereld niet alleen maar uit dit soort mannen bestond. Ik was in ieder geval van plan mij niet langer te laten beïnvloeden door een stelletje hersenloze fluitmongolen. Het was tijd voor het serieuze werk: Expeditie MAN

Na deze stevige analyses flitste er tenslotte een basale wijsheid van mijn vader door mijn hoofd. 'Het is ook gewoon een kwestie van geluk hebben.'

# DEEL II

## 1. Kroegman

*We weten allemaal wat we moeten doen, maar we doen niet wat we weten.* Argyrus

Mijn missie was kristalhelder, maar na een werkweek van zeventig uur kan je wel eens belangrijke zaken uit het oog verliezen. Het gevolg was echter prachtig: ik onderging een verwachtingsloze stapavond. Na een haastige aankleed- en opmaaksessie stapte ik nogal verwilderd eetgelegenheid Spargo in de Linnaeusstraat binnen.

Na een half uurtje keuvelen met Wijze Vriendin verscheen als donderslag bij heldere hemel de kroegman. Onaangekondigd begon hij tegen ons te praten. Hij oogde op zijn minst aangeschoten, maar dat heb je met een kroegman. Eerst richtte hij zich tot mij, daarna tot Wijze Vriendin. Aanvankelijk keken Wijze Vriendin en ik elkaar aan met een blik van 'hier-zitten-wij-niet-op-te-wachten', maar Kroegman bleek inhoud te hebben. Binnen mum van tijd waren we druk in discussie over de kwaliteit van actualiteitenprogramma's, sport, rust zoeken in jezelf en, ok, wat we nu weer eens zouden bestellen.

Dacht ik eerst nog te maken te hebben met een bitterbal-etende, flipperkast-bedienende, Ab Normaal-achtig moppentappende alcoholist, riep Kroegman ineens: 'Ik heb ook een kat!' Wijze Vriendin smolt weg. 'Het is echt een schattig mevrouwtje', verzekerde hij ons. Hup, tien punten. 'Wat betreft werk vind ik het belangrijk te doen wat ik écht leuk vind', zei Kroegman. Hup, tien punten erbij. 'Nee, dat is gewoon gelul, het is een kutpresentator', vond Kroegman. Hup, weer tien punten. 'Tuurlijk wil ik kinderen!' riep Kroegman enthousiast. Hoppakee, twintig punten. Het kon best zijn dat wij in werkelijkheid op een verkeerd spoor werden gezet. Zoals je zelf geregeld zomaar wat roept, zo doet een man dat ook. Hij heeft alleen niet altijd door wat voor impact dat kan hebben op een vrouw. Of misschien wel en doet hij het daarom juist, dat kan natuurlijk net zo goed.

Niet lang daarna zat ik been-technisch verstrengeld met Kroegman. Wijze Vriendin was moe en ging slapen. Kroegman en ik besloten naar Hotel Arena te gaan. Daar moesten we twintig euro entree betalen voor anderhalf uur techno. Dat ging mij net wat te ver. Maar waar moet je dan heen om twee uur 's nachts in Amsterdam? Dat is het probleem. Behalve als je met Kroegman op stap bent, want die is weliswaar overdag rond tweeën totaal de weg kwijt in Amsterdam, maar om twee uur 's nachts weet hij precies waar hij moet zijn. Maar zelfs dan hoeft dat niet meteen te betekenen dat je daar vreselijk verheugd over zou moeten zijn. Zo had ik nimmer gedacht dat ik mijn zinnen zou zetten op in de rij staan voor Mazzeltov in de Ferdinand Bolstraat in de Pijp. Om vervolgens smachtend binnen te treden in een tent volgepropt met doorgezakte fuifnummers. Eenmaal in Mazzeltov bezocht ik het toilet. Na allerlei zojuist ontdekte pracht-analyses bevond ik mij op één van de minst aantrekkelijke locaties ooit met een kroeg-man. Je reinste regressie! 'Laat ik Kroegman als stu-die-object zien,' zei ik tot mezelf, 'misschien levert het nog wat op.' Ik sprak met mezelf af geen initiatief te nemen. Ik besloot me te focussen op wat ik van hem vond, in plaats van in te vullen wat hij van mij zou kun-nen vinden. Spanning en sensatie moest ik vermijden. Ik mocht geen Boogie-Woogie-Wonderland op zijn achternaam of onze toekomstige kinderen loslaten. En niet eenvoudig: ik wilde op zijn minst een poging doen niet meteen fysiek te worden.

Eenmaal terug in de mensenmassa, zag ik Kroegman met een cola light en een biertje in de vensterbank zit-ten. Ik propte me naast hem. Tijdens ons gesprek keek Kroegman mij indringend aan. Hij leunde naar voren en zoende me. Ondanks mijn voornemens werd ik nu toch eventjes meegezogen in het moment. Want wat kon Kroegman ongelooflijk goed zoenen! Met een schok belandde ik terug in de realiteit. Zoenen maakt je warrig. Zoenen is ook een pseudo-intimiteit! De vrouw denkt dat de man haar zoent omdat hij haar lief vindt, terwijl de man haar zoent ter inleiding van de rest. Ik moest meer op mijn hoede zijn. Dus praatten we nog wat, bestelden een drankje en besloten toen elders ver-tier te zoeken. Verdomme, het was gewoon de schuld van die stofjes!

Om vijf uur 's nachts verwachtte ik dat Kroegman zich uit de voeten zou maken. Hij had vast een vriendin of ander scharreltje uit zijn netwerk nog een bezoekje beloofd. Maar Kroegman sliep. Toen hij om een uur of twaalf katerig ontwaakte verwachtte ik dat hij zijn biezen zou pakken. Maar Kroegman begon interessante gesprekken. Tegen een uur of drie 's middags begonnen onze magen te rommelen en maakte ik ontbijt. Nu heeft hij er vast genoeg van, dacht ik. Maar nee, Kroegman en ik hingen op de bank en bekeken foto's. Aan mij zal het niet liggen, verontschuldigde ik mijzelf. Ik mag geen initiatief nemen, dus ik ben benieuwd wanneer hij opstapt. Stiekem vond ik Kroegman leuker dan ik aanvankelijk had verwacht. Of zouden het weer die stofjes zijn? 'Zullen we uit eten gaan?' stelde Kroegman voor. 'Ja, want eten moet je een keer', vond hij. Nou, dan vond ik dat toch ook gewoon?

Het gaf me mooi de gelegenheid om tijdens het etentje kritisch bezig te zijn met wat ik nou precies van hem vond en dus niet met wat hij misschien van mij vond. We kozen voor Más Tapas, een aangenaam tapastentje in de Saenredamstraat in de Pijp. Onderhoudende gesprekken en gedegen oogcontact volgden ... maar hé! Wacht eens even ... waar was zijn hand op mijn hand en zijn knie tegen mijn dijbeen? Zo intiem als we waren, zo ver weg was hij nu. 'Wat is je nummer?' vroeg Kroegman toen we afscheid namen, 'Ik bel je van de week.' Ja, ja, dacht ik cynisch. 'Leuk!' zei ik.

'Maar wat vind je van hem?' vroeg Wijze Vriendin de volgende dag. 'Wat me opviel was dat hij nogal bezig is om zijn leven vorm te geven, terwijl ik mijn zaakjes behoorlijk op orde heb.' 'Ja, maar wat vind je van hem?'

'Hij is wel wat lang, één meter tweeënnegentig. Meestal val ik op één meter achtenzeventig.' 'Godsamme, Elia, is het nou echt zo moeilijk? Wat vind je van Kroegman als persóón?' 'Tja, of het een vent is waar ik veertig jaar tegenaan zou kunnen kijken ... Hij praat een beetje sloom en kijkt wat glazig uit zijn ogen. Het ene moment is hij heel dichtbij dan weer megaver weg. Misschien heeft hij een vorm van autisme?' 'Heel dichtbij, heel dichtbij. Hoezo heel dichtbij?' riep Wijze Vriendin. Ik begon wat te hakkelen. 'Wat hadden we nou afgesproken?' zei ze dreigend. 'Laffe zet, vind ik ook', gaf ik toe. Ons gesprek viel even dood. 'Wat doe ik kritisch, hè?' merkte ik op. 'Alsof ík perfect ben. Wat zou hij eigenlijk van mij vinden? Te klein, te volwassen, te stoer?' 'Het gaat er niet om wat hij van jou vindt. Wat vind jij van hem?' bulderde Wijze Vriendin. 'Ik weet het niet', piepte ik.

Twee dagen later sms'te Kroegman:

Zin om deze week wat te drinken?

Ik vond het een afstandelijke sms. Geen inleiding, geen 'hoe gaat het', geen x-je. 'Wel mannelijk, zo'n bericht.' vond een vrouwelijke collega. Gelijk had ze. Kroegman en ik spraken af in de Blaffende Vis in de Westerstraat in de Jordaan. Toen ik binnenkwam, stipt op tijd, zat Kroegman al met een biertje voor zijn neus aan een tafel op de eerste verdieping. Best een mooie man, dacht ik. Hij had licht bruin haar in iet wat woeste modus, bruine ogen, gespierde benen en een bescheiden bourgondisch buikje. Hij droeg een licht roze overhemd op een goed zittende spijkerbroek. Uiteraard had ik mijzelf ter voorbereiding streng toegesproken. Ik moest na deze ontmoeting duidelijkheid hebben over wat ik precies van hem vond. Na drie zoenen op de wang (pure regressie) vertelde hij over zijn laatste sollicitatie. Hij had heel stellig voor ogen wat hij wilde: een vast contract, groeimogelijkheden wat betreft inhoud en salaris en werken bij een groot bedijf zodat je geen 'hiërargisch gesodemieter' had. 'Wat deed je hiervoor?' vroeg ik Kroegman. Ik had deze vraag niet eerder durven stellen, omdat hij er zelf niet over begonnen was. Kroegman keek wat zenuwachtig om zich heen. 'Ik was beroepsgokker', zei hij. Beroepsgokker ... was ik nou zo achterlijk of zouden meer mensen niet weten wat dat inhoudt? Hoe kun je nou gokker zijn van beroep? Daar kun je je hypotheek toch niet van betalen? Op dat moment vloog het bierviltje dat Kroegman steeds vuur liet vatten en weer doofde, in de fik. Het viltje viel op zijn jas die vlam vatte. Kroegman gooide zijn jas op de grond en begon er op te stampen. Met verbazing keek ik toe. 'Ik had je geloof ik nog niet verteld dat ik nogal onhandig ben', verduidelijkte hij. Ik deed zo luchtig als ik kon, maar vroeg mij intussen af of ik dit aantrekkelijk vond.

Er is een groot verschil tussen hoe iemand zich gedraagt, wat hij zegt en wie hij is. Het bleek moeilijk in woorden te vatten wat ik van Kroegman vond. Ik was in elk geval niet kapot van hem. Maar hij was als een film waarvan je niet weet hoe die eindigt en die nog net boeiend genoeg is om in de bioscoopzaal te blijven zitten.

Kroegman en ik gingen scroppino drinken in Cinema Paradiso in dezelfde straat. Enige tijd was het stil. 'Jij denkt nu vast: Wat zal hij nu denken?' zei Kroegman opeens. 'Nee, eerlijk gezegd niet', zei ik. 'Ik houd van stiltes.' Waarom hield ik daarvan? Omdat het intiem was! 'Maar die intimiteiten heb je nog helemaal niet!' hoorde ik Wijze Vriendin in mijn hoofd rondgalmen. Kroegman en ik stapten op. 'Ik fiets wel even mee naar je huis', zei hij. Ik voelde me zwak worden en zwichtte.

Om 06.55 zat ik in de trein naar mijn werk, terwijl Kroegman in mijn bed lag te slapen. 'Wat vind ik er nou van?' evalueerde ik opnieuw. Ik was nog geen steek verder. Het enige wat ik met zekerheid wist, was dat het allemaal erg vermoeiend was. Ik besloot mijn ogen een kwartiertje te sluiten voordat ik in Breukelen zou arriveren. Breukelen ... dacht ik opeens. Was Kroegman daar niet geboren en getogen? Zou ik zijn ouders ooit ontmoeten? Zijn zusje? Zou hij later weer terug willen naar Breukelen? Zou hij er nog vrienden hebben? Zou hij vaak naar huis gaan? Zou hij nog een eigen kamer hebben met sportbekers van vroeger, zo'n klein bureau en wat posters van idolen aan de wand? Ho! Stop! Dit was Boogie-Woogie-Wonderland in vol ornaat en ging dus helemaal de verkeerde kant op. Ik moest bij mezelf blijven. Ik wist immers nog steeds niet wat ik van hem vond.

Twee dagen later ontving ik weer een sms'je:

Deze week drankje doen?
Kroegman

Met afzender ... alsof het mij anders een volstrekt raadsel zou zijn met wie ik van doen had. Hoe belachelijk ik zijn sms ook vond, stiekem had ik zin om Kroegman weer te zien. Hij toonde immers initiatief en verscheen steeds stipt op tijd. Dat was heel wat. Dus ik sms'te ja.

> Zullen we in mijn
> stamkroeg afspreken om
> 20.00? Neem ik Sicko mee.

Zijn stamkroeg was de Duvel in de Pijp, waar hij dagelijks 'een biertje deed' en in het weekend uitgebreid lunchte. 'Sicko' was de nieuwste documentaire van Michael Moore. Hij had goed ingeschat waar mijn interesse naar uitging. Op de betreffende woensdag werkte ik aan de afronding van een gloednieuwe menukaart voor een restaurant in Utrecht. De wijnen die wij moesten proeven waren nog niet gearriveerd. Omdat de menukaart de volgende dag gepresenteerd moest worden, waren wij genoodzaakt de wijnen te proeven bij de groothandel tachtig kilometer verderop. Ik zou de afspraak met Kroegman daardoor niet halen.

> Hej Kroegman, we kunnen
> wel afspreken vanavond,
> maar ik moet overwerken.
> Zullen we 21.30 Blaffende
> Vis doen? X

De hele dag hoorde ik niets van Kroegman, terwijl de batterij van mijn telefoon langzaam leeg liep. Spanning en Sensatie deden hun intrede. Wie weet had hij mijn bericht niet ontvangen. Waarom belde hij niet? Om half zes kon ik nog net een voicemail van Kroegman afluisteren.

*'Hoi Elia, Blaffende Vis is goed en 21.30 is prima. Ik neem die dvd mee en een vriend. Ok, doeg.'*

Van dartelend veulentje, naar ongeruste lege batterij, naar zwaar teleurgestelde graftak. 'Het is toch niet te geloven!' wilde ik uitroepen. Op dat moment werd mijn zesde glas wijn geserveerd en dat was ook belangrijk.

Half jankend stapte ik even later mijn auto in. Wat betekent nog iets in deze tijd? Wanneer kun je ergens van op aan? Wanneer kun je zeggen: als hij dit dat, zus of zo zegt of doet, dán is het wat. Maar opeens bedacht ik me dat ik helemaal geen zin had in een afspraak met twee mannen en een dvd.

Hej Kroegman, ik zie een triple-date niet zo zitten. Als je samen wilt afspreken, dan hoor ik het wel. X

Achteraf bleek dat Vriend relatieproblemen had en Kroegman als een psychotherapeutisch vangnet had gefungeerd. Ik voelde me een sukkel en stelde voor om enkele dagen later elders wat te gaan drinken.

De reden waarom ik zo fel reageerde op de voicemail van Kroegman, was duidelijk: Klik was nog niet uit mijn systeem. Het maandenlang geharrewar op sms-vlak had zijn sporen nagelaten. Misschien was ik op dat moment nog te gevoelig om iets te beginnen met een ander. Stond ik er wel eerlijk in? Bleef ik voldoende bij mezelf? Ik piekerde me suf, tot ik een verontruste sms van Klaagvriendin ontving:

> Voel me kut, kunnen we meeten? X

Eigenlijk wilde ik een avondje voor mezelf op de bank. Gewoon om te kijken hoe zoiets ging. Maar zoals gewoonlijk waren er altijd leukere, belangrijkere zaken, dan 'bankhangen'. Ik sms'te terug:

> Kut dat t kut gaat. 22.00 Proust Noordermarkt?

Niets mooiers dan je vrienden een helpende hand toereiken. Ik was bijna vergeten dat ik zelf ook een baggermiddag had meegemaakt.

Iets over tien stapte ik gehaast Proust binnen. 'Sorry dat ik zo laat ben. Ik moest nog pinnen en die pinautomaat op de Westerstraat is altijd zo druk', zei ik, terwijl ik gedag zoenend mijn jas uitdeed. Ik gebaarde de barman een rode wijn te brengen. 'Maar vertel. Iets met kut', zei ik. 'Paul gaat er een punt achter zetten.' 'Paul, was dat die getrouwde kerel? Wat? Gaat hij scheiden?' vroeg ik geschrokken. 'Neehee, hij gaat stoppen met *ons*. Zijn vrouw is er achter gekomen en geeft hem nog één kans', zei Klaagvriendin geïrriteerd, alsof ik het verzonnen had. 'Gelukkig heb je Tygo nog, die kunste-

naarsjongen!' zei ik opgewekt. 'Die sul met lange lul heeft al twee maanden een vriendin en dus zie ik hem ook niet meer', vertelde ze. 'En die Buurtman?' vroeg ik. 'Buurtman is vorige week verhuisd naar Stein', zei Klaagvriendin. 'Stein? Kwam hij tot de ontdekking dat hij homo is?' 'Stein is een plaats in Limburg!' riep Klaagvriendin boos. 'Wat heeft hij daar te zoeken?' vroeg ik vol ongeloof. 'Daar komt 'ie vandaan en hij miste alles en iedereen.' 'Maar ...' begon ik jolig, 'gelukkig hebben we Ruben nog in de aanbieding. De leukste van allemaal!' 'Zeker de leukste van allemaal!' Klaagvriendin barstte bijna in tranen uit. 'Wat is daar dan mee?' vroeg ik. 'De laatste tijd werd het steeds leuker met Ruben. We zagen elkaar wel drie keer per week. We deden steeds leuke dingen, zoals bij elkaar slapen, écht slapen bedoel ik. Gisteren vroeg ik hem of hij zin had om samen op vakantie te gaan. 'Je doet net alsof wij een relatie hebben,' antwoordde hij daarop.'
'Wat zei jij toen?' vroeg ik. 'Nou ik vroeg natuurlijk hoe hij het dan zag.' 'En?' vroeg ik. 'Hoe ziet 'ie het?' 'Hij pakte zijn gitaar. Eventjes had ik de illusie dat hij een romantisch nummer voor me ging zingen, maar hij speelde een vrolijk deuntje en zong: '*You're my favourite waste of time*'. Ik pakte mijn jas, smeet de deur dicht en fietste jankend naar huis.' Ik herinnerde me dat Klaagvriendin ettelijke maanden geleden mij had proberen te overtuigen dat je van minnaars niets mag verwachten en dat je alleen maar van het moment mag genieten. Ik besloot haar daar niet mee om de oren te slaan. 'Weet je wat het allerstomste is van dat scharrelnetwerk?' zei ze kwaad. 'Ik was zo bezig met die vier hufters dat ik in een 'anti-andere mannen-vacuüm' zat. Ik had in diezelfde tijd een wereldvent kunnen ontmoeten!'

De volgende dag troffen Kroegman en ik elkaar om negen uur in de Balie. Ik had mijzelf plechtig beloofd niets huiselijks met hem te ondernemen. Daarnaast was ik gewapend met een nieuw inzicht: vanavond zou niet in het teken staan van wat ik van hem *vond*, maar wat ik voor hem *voelde*. Toen ik klokslag negen uur het café binnentrad zat Kroegman al aan een tafeltje met een kopje koffie. Na een avond vol gesprekken, glimlachende blikken en wat drankjes, namen we afscheid op het Leidseplein, waarna ik opgelucht naar huis fietste. 'Eindelijk duidelijkheid!' Ik voelde niks voor hem.

Ik was met open ogen in al mijn valkuilen tegelijk gelopen. Het was tijd om het roer om te gooien.

## 2. Roeier

*Weer eens alleen op zaterdagavond. De regering zou daar eens wat aan moeten doen. Al gaven ze maar liefdespostzegels uit* Woody Allen

In februari 2007 werd ik lid van roeivereniging de Hoop. Het leek me lekker om te sporten in de buitenlucht. Van nature ben ik een rasechte *Einzelgänger* als het om sporten gaat. Wanneer er op de sportschool geen hond te bekennen is, leef ik op. Samen sporten, in een team of ploegje, was iets wat ik nooit eerder had gedaan. Het moest eens afgelopen zijn met mijn kluizenaarsbestaan. Bovendien liep ik een minuscule kans om een leuke man tegen het lijf te lopen. Al gauw maakte ik deel uit van een ploegje van zes vrouwen van rond de dertig. Wij roeiden voornamelijk voor de gezelligheid. In de vakantie kwam de klad er in. Na de zomer vonden mijn ploeggenoten het te koud om het water op te gaan. Hoewel ik mezelf beloofd had niet te actief tekeer te gaan (valkuil één) en zeker niets in mijn eentje te beginnen (valkuil twee), zat ik vanaf midden oktober elke zondag te bikkelen en beulen in een C1. In plaats van in galop naar huis te gaan (valkuil drie) dronk ik na afloop een verplichte cappucino in de kantine.

Roeivereniging de Hoop bestaat grofweg uit twee typen mensen: de sufisticaten en de mensen die weinig waarde hechten aan uiterlijk vertoon, taal en competitie. Met andere woorden mensen die met geitenwollen sokken over afgesleten leggings in boten stappen, gewoon roepen: 'hop, die boot in' in plaats van 'instappen gelijk' en ook al jaren in dezelfde krakkemikkige boten roeien. Gezien mijn bejaarden-instelling moge duidelijk zijn dat mijn hart bij die tweede categorie ligt: mannen van mijn leeftijd die net zo zeldzaam zijn als de Tasmaanse tijger in de jaren zeventig. Op zich gaat een kakker er op zijn tijd best in. Maar toch heb ik met kakkers doorgaans het gevoel dat ik niet helemaal mezelf kan zijn; dat ik niet aan hun eisen voldoe en bovendien anders ben dan de koorkakkerina die ze zich feitelijk hadden voorgesteld.

Op een kille zondagochtend eind oktober besloot ik de dappere sportschoenen aan te trekken en mij wederom in een C1 te hijsen. Alvorens het zover was, botste ik tegen een befaamde roeier op. En wel op het vlot, en plein publique. Dit tot genoegen van de overige roeiers. Roeier verontschuldigde zich en bood mij een koffie met versnapering aan na de roeierij. Roeier was jarenlang westrijdroeier geweest. Hij trainde inmiddels talentvolle ploegen en won stelselmatig seniorencompetities.

Om elf uur zaten Roeier en ik aan de koffie met appelgebak. Wat vond ik van deze man? Zijn benen waren goed gespierd. Zijn donkere haar krulde. Op zijn uiterlijk viel weinig aan te merken. Maar wat vond ik van hem als persoon? Ik vergeleek Roeier met Klik. Zoiets werkt natuurlijk niet. Ik zat op een geheel andere planeet met een ander zoogdier, de zogenaamde Kakkoris Erectus. Ik moest alles in een nieuw daglicht zien. Roeier was goed gehumeurd en ambitieus. Hij werkte bij een beursbedrijf en kon al op zijn achtenveertigste met pensioen. Bovendien was hij galant. Wat hij van mij vond, was me niet duidelijk. Ik schatte dat ik niet de Anne-Fleur van Maeslandt was die hij liever had willen ontmoeten.

'Of ik geïnteresseerd was in schilderijen uit de verlichting?' Ik vroeg me af of ik me ooit tot hem aangetrokken zou voelen. 'Of ik ooit een nachtelijke rondvaarttocht op de Amsterdamse grachten had meegemaakt?' Zou hij zijn moeder frequent bellen? flitste het door mijn hoofd.

'Of ik al eens bij de Kas in Watergraafsmeer had gegeten?' Dat had ik niet. We spraken af voor de zaterdag erop.

Die zaterdag zat ik rond achten aan een servet te frummelen, toen ik opeens een man achter mij voelde. Roeier en ik gaven elkaar drie amicale zoenen. Hij zag er goed uit en rook fris. Ik ga mij deze avond kritisch doch prettig opstellen, had ik mijzelf op de heenreis voorgenomen. Vooraf kun je natuurlijk vanalles bedenken. Na een kwartier had ik nog geen half woord uitgebracht. Ik wist niet wat ik moest vertellen. Bovendien was Roeier onafgebroken aan het woord over de recente ontwikkelingen op de beursvloer. Economie was nooit mijn sterkste vak op de middelbare school. Hoewel ik hoorde wat Roeier zei, begreep ik er helemaal niets van. Ik knikte slechts begripvol. Opeens was Roeier afgeleid. 'Moet je hen zien', merkte hij op. Twee tafels verderop zat een stel, dat zich aan elkaar vergreep. Een ober verzocht het tweetal zich te gedragen. Roeier begon luidruchtig te lachen, maar herstelde zich gelukkig snel. Ik had het gevoel dat hij mij aanstaarde met een blik van dat-lijkt-me-ook-wel-wat. 'Heb jij al besteld?' vroeg ik om de spanning te doorbreken. Dat had hij. Niet zomaar halfslachtig, Roeier had het 'Menu du Chef' besteld. We zouden de avond doorbrengen met zeven gangen en vier verschillende wijnen. En dat terwijl ik net had ontdekt dat me vergrijpen aan deze Roeier niet op mijn verlanglijstje stond.

Hoe kon ik mezelf weer bij elkaar rapen en de avond doorkomen? Ik vluchtte naar het toilet. Daar smeet ik water in mijn gezicht en keek naar mijn spiegelbeeld. Als ik nu iets afstotelijks zou doen, zou hij vast geen zin meer in mij hebben. Ik zou natuurlijk heel goor uit mijn neus kunnen pulken, oorverdovend over het eten kunnen hoesten of gewoon onsmakelijk kunnen smakken. Wat kan ik toch zemelen, vermaande ik mezelf. Ik zit hier in een heerlijk restaurant. Waarom kan ik niet gewoon genieten in plaats van alles te verzieken? Ik ben hem niets verplicht. Niemand trouwens. Dapper stapte ik het restaurant door, richting Roeier. Van een afstand zag ik hem converseren met onze tafelburen. Dat zag er best aanlokkelijk uit. 'Hou dit vast', sprak ik mezelf toe.

Roeier praatte uitvoerig over zijn ouders, zus en jeugd. Hij vertelde over vrienden, vroegere woonplaatsen en vakanties. Hij bezat de gouden combi van veel vertellen en oprecht interesse tonen. Hij vroeg naar mijn ouders, broertjes, jeugd, vrienden, voormalige woonplaatsen en vakanties. Na twee uur, vier gangen en twee flessen wijn, was ik mijn opgefokte gevoel van het begin van de avond kwijt. Roeier was best leuk en in elk geval een WIIDA-man. Begeerlijke blikken waren volstrekt niet aan de orde. Misschien had ik me vergist? Tijd voor een evaluatie op het toilet. Ik liep door de lange gang richting de toiletten. Er hingen Picasso-achtige schilderijen aan aubergine-kleurige wanden. Halverwege de gang zag ik een man op mij afkomen. Ik schrok, even dacht ik dat het Klik was. Zelfde overhemd, zelfde kapsel, zelfde lengte, helaas geen Klik. Ik dook het toilet in en voelde me eenzamer dan ooit. Wat een absurd plan om op jacht te gaan naar de ware, terwijl ik hem al had ontmoet. Zit ik hier met een tig-gangen diner met een man waarmee ik slechts wil praten. Nog maar drie gangen ... ik ben al over de helft, sprak ik me moedig toe. Ik hoef toch verder niks met hem? Dat hij er nou zo'n uitsloverig tafereel van maakt, dat kan ik toch niet helpen? Ik verruilde de veilige toiletambiance voor glimlachende Roeier, inclusief vijfde gang en volgende fles wijn. De rest van de avond verliep redelijk. Tot ik me tijdens het kaasplankje (lees: de kaasmarkt) realiseerde dat Roeier en ik straks afscheid moesten nemen.

Wat verwachtte hij na een diner van driehonderdvijfennegentig euro drieëndertig plus twintig euro fooi? Misschien vond hij mij helemaal geen aantrekkelijke vrouw. We hadden immers geen woord gewisseld over liefdesgeschiedenissen, inhoudelijke en fysieke voorkeuren of seks. Een hoopgevende gedachte, vond ik.

'Hoe ben jij hier gekomen?' vroeg Roeier mij tijdens de koffie met exclusieve bonbons. Gelukkig was ik met de fiets. Hij liet een taxi bestellen door de ober. Om twaalf uur.

Nog twintig minuten te gaan. Lulgesprekje over morgen, te roeien kilometers, een verplichte verjaardag en de krant. Nog tien minuten. Straks vergat hij op tijd te betalen waardoor de bestelde taxi alweer weg zou zijn en dan zouden we nog meer lariegesprekken moeten voeren, tot de nieuw bestelde taxi voor de deur zou staan. Roeier ging naar het toilet en ik keek gespannen om mij heen. Daar zat de Klik *lookalike*. Waarom kon ik zo meteen hém niet gedag zoenen? Misschien rook hij hetzelfde als Klik. Misschien was het de nog niet ontdekte broer van Klik en was de vrouw tegenover hem niet zijn vriendin, maar gewoon zijn lesbische maatje en was dit de ware Klik die ik zocht. Roeier liep terug naar onze tafel, maar betaalde onderweg eerst de rekening. Ik bedankte hem uitvoerig voor het diner en de gezelligheid. 'Rustig aan', maande Roeier, terwijl hij me in mijn jas hielp.

Rustig aan? Rustig aan? Hoezo? Wanneer? Waarmee? Wat rustig aan?, dacht ik. Alsof ik smachtend aan zijn lippen hangend hoopte dat alles sneller zou gaan. Alsof ik niet kon wachten om mijzelf als achtste gang in zijn armen te werpen. Een seconde later stonden we buiten. Ik gaf Roeier drie vluchtige zoenen op zijn wang. Ik snelde naar mijn fiets, die ik razendsnel van het slot haalde, waarna ik joelend van vrijheid naar huis jakkerde.

Nog geen vijf minuten later vond ik mezelf een belachelijk figuur. Het is toch geen porum om zo te denken over iemand die moeite doet zonder daarvoor iets terug te verwachten. Kennelijk was ik onafgebroken bezig de verkeerde mannen in mijn armen te sluiten en goede mannen af te stoten. Het was niet alleen zelf-destructief, het was vooral ook a-sociaal. Roeier was galant, amusant en stond garant voor een avond zonder trammelant. Was ik soms allergisch voor de WIIDA-man?

Was ík misschien degene met bindingsangst?

Na enkele sms'jes en e-mails van Roeier die ik onbe-
antwoord liet, belde ik Homovriend om raad.

*'Wat toevallig. Ik zei gisteren nog tegen Man: Mis-
schien heeft Elia zélf bindingsangst.' 'Waarom kan ik
een WIIDA-man niet toelaten?' vroeg ik wanhopig.
'Dan moet je je kwetsbaar opstellen, je openstellen, jezelf geven en kunnen ontvangen. We weten allebei dat
je een scala aan talenten hebt, maar dit zijn niet bepaald jouw kernkwaliteiten.'*

Even overwoog ik een ouderwetse sessie elkaar telefonisch in de haren vliegen, maar in plaats daarvan besloot ik het probleem bij hem te parkeren.

*'Ik weet het, Homovriend, maar wat doe je er aan, hè?'
'Ga in therapie, doe een cursus persoonlijke ontwikkeling, ga mediteren, ga op yoga, ga kleien, maak een
vijf-daagse stiltetocht of spreek gewoon weer met hem
af.' 'Maar ik denk steeds aan Klik.' 'Ah, jakkiebàh! Ze
denkt steeds aan Klik!' hoorde ik Homovriend lachend
naar Man blèren. 'Ja, lach er maar om. Ik zit er mooi
mee', zei ik bedroefd. 'Je moet die Klik uit je hoofd zetten. Het is een nalatige zakkenwasser. Jullie zijn nu
beiden single, toch?' 'Ja', murmelde ik. 'Nou, waar is
tie dan?' 'Nergens', zei ik. 'Dat bedoel ik. Wég met die
Klik! Zal ik je nog eens wat vertellen?' vroeg Homovriend. 'Toen ik hem voor het eerst zag dacht ik meteen: die is homo.' 'Niet!' riep ik verontwaardigd. 'Het
zou mij niets verbazen als hij op dit moment de bosjes
bij de Hoornse Plas aan het verkennen is.' Ik moest er
niet aan denken. Misschien had hij al eerder rondge-
hangen in die bosjes en had ik nu hiv. 'Ander onderwerp!' riep ik. 'Wat moet ik met Roeier?' 'Negeren.*

*Gewoon negeren', adviseerde Homovriend. 'Is dat niet zielig?' 'Of eerlijk vertellen', hoorde ik Man roepen op de achtergrond. 'Nou, dank je wel voor dit denderende advies', zei ik. 'God, jij hebt ook altijd wat', klaagde Homovriend.*

Negeren dus. Na twee weken hield Roeier op super aantrekkelijke voorstellen in te spreken op mijn voicemail. Een week voor mijn vakantie in december wilde ik ter afsluiting van 2007, alle misverstanden en onuitgesproken zaken rechttrekken. Dat was er eigenlijk maar één.

Hoi Roeier,

ik wil je bedanken voor je goede gezelschap. Van de manier waarop jij met een vrouw omgaat, kan menig man nog wat leren. Gezien mijn recente breuk met een belangrijke liefde in mijn leven, ben ik niet in staat mij open te stellen en ergens aan te beginnen.

Ik wens je alle goeds in 2008, op allerlei fronten. Het is je gegund.

Grtjs,
Elia

Twee dagen later antwoordde Roeier.

Hoi Elia,

Dank je voor je mail. Dank je voor de complimenten. Alleen begrijp ik dat voor jou de achtergrond misschien minder positief is.

Van mijn kant kan ik zeggen dat er geen (bij)bedoelingen waren om met je af te spreken. Er was geen concrete agenda. Gezien je mail een verstandige keuze 😊 Natuurlijk ben je aantrekkelijk, maar in eerste instantie zijn er meer vrouwen die dat zijn. Ik vond het leuk om met je af te spreken omdat je op een eigen en diverse manier initiatief toont. Niet alleen houd je je bezig met allerlei culinairs, maar ook met sport, theater en literatuur.

Misschien dat de breuk waar je aan refereert uiteindelijk positief uitpakt. Vaak wordt er kort door de bocht gesproken van dumpen en gedumpt worden. In de filosofie bestaat het begrip dialectiek: de these en de antithese, die uiteindelijk leidt tot een nieuwe stelling. Zonder verleden geen toekomst, de waarheid zal er ergens tussenin liggen. Linksom of rechtsom is er bijvoorbaat geen reden om aan te nemen dat de toekomst slechter zal zijn.

Zonder dat je ergens aan hoeft te beginnen nodig ik je graag uit om naar het ballet te gaan. Laat me het weten als je er geen prijs op stelt.

Groet,
Roeier

Als dit waar was, was het iets buitenaards. Dan was een man in mij geïnteresseerd zonder bijbedoelingen. Vreemd. Misschien was hij homo? Iets later verwonderde ik me over mijn eigen verbazing. Klaarblijkelijk vertrouwde ik niet in de oprechtheid van mannen. Ach, zo verbazingwekkend was deze gedachte ook weer niet gezien de reeks fiasco's van de afgelopen tien jaar.

# 3. Beminde

*Niemand heeft ooit iemand bemind op de manier waarop iedereen graag bemind zou worden.* Mignon Mc Laughling

Sinds het uit was met Klik had ik gedate met Kroegman en Roeier en ik had gemakshalve een wipaanbod van een collega afgewimpeld. Rustgevend was anders. Ik was toe aan een weekendje weg, maar het moest uiteraard functioneel blijven. In werkelijkheid had ik zin in een rollator-kukident-grijze-coupeweekendje op Terschelling in het meest afgelegen huisje dat er te vinden was, met als enige hulpmiddelen een fiets, een laptop en een bad. Maar een dergelijk weekendje kon ook nog op mijn drieëntachtigste. Bovendien zou ik met een bejaardenweekend mijn doel voorbij schieten en dat kon ik natuurlijk niet maken. Als ik niet in actie kwam, zat ik op mijn dertigste verjaardag zeker niet naast die gezellige, serieuze, humoristische, mooie, oorspronkelijke Jacob.

Op een stormachtige woensdagmiddag surfte ik op de single-reis startpagina. Onder het kopje 'single weekend' vond ik een interessante site: 24u. Vier-en-twintig uur, dacht ik. Dat is een kort weekend... Met mijn bejaardenblik was het mij even ontschoten dat het hip is om engels te praten. Twee voor jou. Twee zelfs. Kom maar op met dat weekend! Op de site stonden foto's van mooie mannen en vrouwen in luxueuze landhuizen. Er waren kiekjes van *Extreme sports*. Maar ook beelden van kampvuurtjes met kringen met muziekmakende mensen er omheen. Iets in mij begon te steigeren, maar met kritisch doen werd het natuurlijk nooit wat. Ik las verder:

'Vijfentwintig procent van onze gasten vindt tijdens het weekend een potentiële partner. Dat betekent dat de kans groter is dat de ware er niet bij zit, dan dat de ware er wel bij zit. Geen nood. Gewoon een kwestie van de knop omzetten en genieten van boeiende gesprekken en enerverende activiteiten. 24u is the place to be voor nieuwsgierige mensen!'

Een kwart kans is meer dan je dagelijks mag verwachten op straat, in een sportschool, in de supermarkt, in de kroeg, laat staan in een verlaten huisje op Terschelling. Ik besloot meteen te boeken. Wat had ik immers te verliezen? Als het allemaal één grote mislukking bleek te zijn, had ik in elk geval een mooi verhaal te vertellen. Er was nog plaats in het weekend daarop. Het zou beginnen op vrijdagavond zeven uur in de Ardennen.

'Het huis is volledig ingericht. Alleen voor het linnengoed (handdoek, hoeslaken, eenpersoons dekbedovertrekken en kussenslopen) moet je zelf zorgen. Dit geldt ook voor eventuele spelletjes, cd's, sportkleding, etc. Huisdieren zijn niet toegestaan.'

Lekker advies. Ik hield helemaal niet van spelletjes, maar wel van huisdieren. Gemakshalve deponeerde ik mijn halve kledingkast in een hutkoffer. Ik ging immers met de auto.

Hoewel ik idioot vroeg was vertrokken uit Amsterdam, was het druk op de weg. De stad uitkomen bleek een kunst op zich. Toen ik bij het zoveelste stoplicht besloot

173

heel zen om mij heen te loeren, keek ik regelrecht in een stel billen van onderbroekmeisjes op scooters. Hartstikke gezellig allemaal, maar wanneer komt de dag dat een naakte man het straatbeeld opvrolijkt? En dan niet zo'n duf bovenlijf, maar ook het onderstel, plus het zakie. Waarom zijn het altijd naakte vrouwen in pornostand? 'Getsamme', vloekte ik hardop. Opeens besefte ik dat er ook vrouwen naar het weekend zouden komen. Vrouwen ... dat betekent gezeik over putten in benen, gekakel over de nieuwste *must-haves* op body lotion-vlak en uiteraard: competitie. Ik had me voorgenomen mijn humeur niet te laten verpesten door wat losse gedachten. Dus, hup, muziekje aan en gaan met die bak.

Stumperig vroeg arriveerde ik op landgoed Le Lac. Nog even en ik dineerde met een stel onbekenden. Groepsprocessen zouden aanvangen en kliekjes zouden zich vormen. De mooiste, de grappigste en de liefste zou binnen enkele minuten bepaald worden. Er zou worden gestreden en geprobeerd worden plezier te beleven, terwijl we hier feitelijk te maken hadden met een zeer serieus doel: het vinden van een levenspartner. 'Wat een ingewikkeld gesodemieter!' mopperde ik. 'Was ik maar een vogel dan voldeed het keuren van een dansje.' Maar goed, dan zou ik alsnog elk mannetjesvogel belabberd vinden dansen en nooit een ei leggen.

Er werd op mijn autoruit getikt. Een vrolijk gezicht verscheen naast mij. Ongemakkelijk glimlachend deed ik mijn raampje naar beneden. 'Haai, ik ben Fiona', zei een hooggeblondeerde, gezette vrouw en ze stak haar hand naar binnen. Ik schudde haar armbandrijke hand en stelde me voor. Meteen viel het gesprek dood, terwijl

Fiona's armbanden rinkelden. 'Zullen we vast op zoek gaan naar een groepsleider?' opperde Fiona. Met niet het grootste enthousiasme van de wereld stapte ik uit mijn auto. Een groepsleider, doolde het door mij hoofd. Waar was ik in godsnaam aan begonnen?

Terwijl Fiona dartelde, slenterde ik over het landgoed. Na een kort verhaal over haar leeftijd (39), beroep (directie-secretaresse) en wens (kind), begon ze in de rondte te roepen: 'Oe-oi, oe-oi!' Oe-oi, oe-oi, dacht ik, waarom doe ik dit mezelf aan? Alternatieve ouders in de jaren tachtig riepen 'oe-oi' en daar kreeg ik kippenvel van. Het had iets hyper-aanwezigs. Gelukkig werden wij snel ontdekt door groepsleider Freek, een slungelige socializer, die ons hartelijk begroette. Fiona moest een andere kant op, aangezien zij in het vijfendertig tot en met vijfenvijftig-landhuis zat. Terwijl ik mijn koffer door de gang sleepte, kwam ik extreem aardige Merie tegen, de andere groepsleider. Ze gaf mij de sleutel van de slaapkamer, zodat ik mijn spullen kon opbergen en een bed kon uitzoeken. Nog net niet huppelend vervolgde ze haar weg.

Eenmaal in de volle slaapkamer aangekomen, besloot ik eens rustig te gaan zitten. Soms helpt dat. Denkend aan de afgelopen tien minuten besefte ik dat ik overal wat van vond. Het moest maar eens afgelopen zijn met mijn kritsche normen- en waardenblik. 'Hup, Elia Dijkman, in het nu, meedoen en genieten!' Ik liep naar de spiegel en keek regelrecht in een vogelnest. In plaats van altijd mijn oordeel over andere mensen klaar te hebben, zou ik mijn haar eens moeten fatsoeneren. Terwijl ik iets met gel deed, stapte Bert binnen. Hij begon meteen hard te lachen. Sportief schudde ik Berts hand.

Bert vertelde waar hij vandaan kwam (Scheemda), de hoeveelheid kilometers file die hij achter de rug had (28), zijn leeftijd (32), zijn gewicht (76) en vetpercentage (8). Waar de laatste twee getallen op sloegen ontging mij een beetje. Bert pakte zijn hardloopspullen en ging 'nog even rennen' voordat 'het cluppie' er was.

Ik voelde meer voor een flesje wijn voordat de rest van de mongolen compleet zou zijn. Onderweg naar de woonkamer – ik had me voorgenomen gezellig te doen – kwam ik Joris tegen. Joris begon meteen over de schoonheid van de omgeving en over hoezeer het landgoed op zijn 'optrekje' leek. Hij vroeg waar ik vandaan kwam, of ik een koopwoning had, hoe ik hier was gekomen en wat voor auto ik reed. Ik probeerde er vooral niets van te vinden.

In de woonkamer zaten inmiddels acht deelnemers, Merie en Freek. Er moest nog een grote groep mensen komen, aangezien in elk landhuis twaalf mensen verbleven. In het ene landhuis was de leeftijd achtentwintig tot en met negenendertig en in het andere landhuis was de leeftijd vijfendertig tot en met vijfenvijftig. Ik had het gevoel dat de sfeer en doelgerichtheid in de oudere groep beter bij mij paste, maar slikte dit gauw weg met een Bordeauxtje. Er waren wat koe-en-kalfgesprekken gaande, waarin ik mij kuddematig probeerde te mengen. Dat ging best aardig, al was het slopend saai. De andere deelnemers druppelden binnen. Er zat een aantal leuke mensen in de groep, met name vrouwen. Ik merkte hoe de vrouwen elkaar grondig bekeken, om daarna onschuldig te glimlachen. 'De strijd' verliep gemoedelijk tot hij binnenkwam.

Goed lijf, strak in het pak, mannelijke kop, grote verzorgde handen en een gulle lach. Gedurende vijf seconden vielen alle vrouwelijke monden open en droop hier en daar een sliert slijm naar beneden. Hij straalde niet alleen zondagskind uit, hij leek regelrecht uit een Hugo Boss-reclame te stappen. Gelukkig val ik niet op 'perfecto's'. Na drie kwartier Landhuis Le Lac was duidelijk dat de rest van het weekend alle ogen, pijlen en borsten gericht zouden zijn op Beminde.

Als ze de kans kregen tenminste, want op het moment dat iedereen gearriveerd was, diende de oudere helft van de groep naar het andere landhuis te verkassen. In 'ons' landhuis zaten Joris, Florien, Suus, David, Gert-Jan, Johan, Lotte, Bert, Doortje, Michaela en natuurlijk Beminde. Hardloop-Bert viel trouwens precies binnen op het moment dat Beminde zich voorgesteld had. Zonder Beminde zou dat een heel stoer, sportief, voor sommigen ongetwijfeld woest aantrekkelijk beeld zijn geweest. Maar nu Beminde daar vreselijk knap stond te zijn in zijn puike pak, had Bert meer weg van een dropje dat al zes maanden in een jaszak zat.

Terwijl Freek de huisregels uitlegde, scanden mijn ogen de groep. Voor even liet ik mezelf toe van iedereen een indruk te krijgen; gewoon heel luchtig functioneel. Te beginnen bij de mannen. Joris leek me iets te oppervlakkig en materialistisch, zo'n type waar je nog geen kop koffie mee zou willen drinken. David leek aardig, maar hoe zijn stem klonk bleef een raadsel. Gert-Jan kwam onzeker over. Ik zou ongetwijfeld ruig over hem heen galopperen. Johan leek sympathiek, maar niet echt spannend. Hij zou wat moeten doen aan dat haar, die kleren, die bril, die schoenen, dat accent, en dat zenuwachtige getik. Misschien werd het dan nog wat met Johan. Bert vond ik egocentrisch. Zo'n figuur die bij alles wat je zegt meteen zijn eigen versie van hetzelfde thema aanhaalt, die continu vist naar complimenten, bewondering en bevestiging. Tenslotte Beminde. Wat waren mijn kansen?

Florien leek me zo'n standaard, inhoudsloos, negen tot vijf, proper poppetje. Suus was een stoere vrouw. Knap ook. Waarschijnlijk was ze zo zelfstandig en stoer dat mannen *en masse* afhaakten. Lotte was een dominant type en nogal vol (geen Beminde-materiaal). Doortje was een intellectueel met maagdelijke, tevens a-seksuele uitstraling. Michaela tenslotte, had veel weg van een zichzelf strelende pornoslet uit een nachtprogramma.

Schaapachtig lachend deed ik alsof ik het gigantisch naar mijn zin had. Vooruitgang dus. Gelukkig moesten we een maaltijd voorbereiden. Suus nam het heft in handen en verdeelde de taken naar ervaring en zin. Ik mocht een salade maken. Suus maakte het hoofdgerecht samen met Florien en Bert. Beminde en Lotte verzorgden het toetje. Beminde bleek een toetjesman te zijn. 'Oh, wat lief!' gilde Michaela toen ze dat opving. Doortje dekte de tafel en de anderen zorgden voor gevulde glazen, een aangenaam muziekje en hangpartijen op de bank.

Dat aangename muziekje werd al gauw Johan op de gitaar. Uiteraard heb ik daar weer een mening over. Ik vind gitaarmannen altijd van die overdreven 'zonder-muziek-kan-ik-niet- ademen'-figuren. Goddank stierven mijn meningen na het tweede wijntje langzaam af. Na de nodige complimenten gooide Johan er waarachtig een zelfgeschreven nummer achteraan. Dat klonk best gemoedelijk.

Het oogde sowieso gezellig. Suus, Florien en Bert roerden in pannen, Beminde en Lotte lachten om hun mislukte dessert, Doortje maakte een sudoku, Michaela lag op de bank (in een licht erotische houding, maar je kunt niet alles hebben), Joris las een boek, terwijl David en Gert-Jan op een mooi weekend toostten. Aanvankelijk probeerde ik op de bank te liggen met een tijdschrift. Maar als dat thuis al niet lukt, dan tussen elf wildvreemden zeker niet.

Johan was klaar met zijn gitaar en kwam naast mij zitten. 'Heb je ook zo'n trek?' vroeg hij. Zijn rechterbeen trilde zenuwachtig op en neer. 'Valt wel mee', antwoordde ik. Wonderlijk zo'n trilbeen. 'Wat is je lievelingseten?' vroeg hij. 'Brood', antwoordde ik. 'In de gevangenis zitten is voor jou dus geen straf?' vroeg Johan zenuwachtig lachend. Probeerde hij me te versieren? Wat dacht hij wel? Dat ik op zo'n smakeloze 'tikstra' viel? 'Kun je misschien ook Acda en de Munnik spelen?' vroeg ik. Johan stond op en greep zijn gitaar. Hè, hè, eindelijk rust, schoot het door mijn hoofd. Totdat ik me enorm schaamde. Deze vriendelijke jongen wilde gewoon een praatje maken en ik metafoorde onmiddellijk tot een chagrijnig wijf. Waarom benauwde het me als een man wat van mij wilde? Dat was toch verder zijn probleem? Kil doen was onnodig. Wat hebben mannen het tegenwoordig toch zwaar. Ze moeten knap zijn, zich goed verzorgen, de juiste kleding dragen, van winkelen houden, assertief zijn, een vlotte babbel hebben, niet te dik zijn, humor hebben, niet te vrouwelijk zijn, op tijd komen, een mannelijke kaaklijn hebben, een interessante baan hebben, handig zijn, een mooi ingericht huis bezitten en naar de sportschool gaan. Ze moeten zich kunnen beheersen, passioneel zijn, iets creatiefs doen, grenzen aangeven, veel geld verdienen maar daar verder niet over opscheppen. Alleen al uit mededogen moest ik de mannen met meer respect behandelen, vond ik. Zij deden ook gewoon hun best.

Uit de keuken kwam speels gejoel. Schijnbaar hadden Florien en Bert het heel gezellig daar. Stel één. Geweldig voor hen, minder jofel voor mij. De kans op het vinden van een partner was danig geslonken.

'Heb je het een beetje naar je zin', vroeg Gert-Jan, nadat hij een flinke hijs had genomen van zijn flesje Grolsch. 'Ja en jij?' vroeg ik. Ik moest nu niet weer zo stom doen en gewoon een gezellig gesprekje aanknopen. 'Mooie muziek, hè?' vroeg Gert-Jan, doelend op Johan die Acda en de Munnik probeerde na te doen. 'Ja, leuk', zei ik. 'Is dit je eerste single-weekend?' vroeg hij vervolgens. 'Ja', zei ik 'Jij?' 'M'n derde.' 'Zat er nooit wat leuks bij?' vroeg ik. Gert-Jan nam eem slok van zijn biertje. 'Niet zo leuk als jij.' Ik lachte ongemakkelijk. 'Goed, ik ga even naar de keuken om te kijken of ik een handje kan helpen', zei ik en ik spurtte er van door. In de keuken bleken niet alleen Bert en Florien de tijd van hun leven te hebben, ook Lotte en Beminde schenen zich te vermaken. 'Kan ik ergens mee helpen', vroeg ik het viertal. Hun blikken zeiden genoeg. Gelukkig gingen we al gauw aan tafel. Gert-Jan was aan de andere kant van de tafel gaan zitten, naast Michaela en Johan. Beminde kwam naast mij zitten. 'Wil je nog een glaasje?' vroeg hij. Ik knikte. Dat was mijn derde glas. Ik stopte meestal na twee glazen. Beminde en ik kwamen in gesprek. 'Hoe kan het nou dat een mooie vrouw als jij geen relatie heeft?' vroeg hij. Superfoute tekst natuurlijk. 'Hoe kan het nou dat een mooie man als jij geen relatie heeft?' pingpongde ik terug. Daarna spraken we over de gewone dingen in het leven: werk, vrienden en woonplaats. Dat zou verboden moeten zijn, want het zegt niks. 'Wie ben jij nou eigenlijk?' was een veel betere vraag. Maar het antwoord hierop wist ik zelf maar half. Wat ik wel wist, was dat ik Beminde aantrekkelijker vond, dan ik dacht. Hij was oprecht geïnteresseerd. Lotte was niet zo blij met ons gesprek. 'Hé, Beminde!' riep ze na het voorgerecht. 'We kunnen het toetje beter nu opdienen, want ik geloof dat ze anders nog verder inzakken.' 'Dan noemen we het toch gewoon pudding!' riep Beminde terug, die zich niet zo snel druk maakte. Hij bezat een soort zeldzaam anti-drukmaak-gen en straalde één en al zen-gevoel uit.

Terwijl Beminde nog een glaasje inschonk, glimlachte ik net iets te lang naar hem. Beminde lachte terug. Dit kon wel eens een heel succesvol weekend worden, schoot het door mijn hoofd. Hoewel ik me niet kon voorstellen dat een fotomodel als Beminde zich zou inlaten met mij. Niet dat ik mezelf lelijk vond, absoluut niet, bovengemiddeld knap zelfs, maar verre van een mager modepoppetje. Lotte zette de eerste toetjes op tafel. 'Het zou leuk zijn als je me helpt', snauwde ze naar Beminde en wierp mij een vuile blik toe. Als een hondje liep hij achter Lotte aan. Het dessert stond op tafel, maar de juiste lepels ontbraken. Licht aangeschoten wankelde ik naar de keuken om een paar theelepeltjes te halen. Op het aanrecht zag ik een omgevallen boerenbontmok met theelepeltjes ernaast. Ook Lotte was met haar opengereten blousje en weelderige boezem op het keukenblad terechtgekomen. Beminde hing er gretig overheen. Met een triomfantelijke blik keek Lotte mij aan. Beminde ging zo in haar borsten op, dat hij niet in de gaten had dat ik het tafereel aanschouwde. Opeens hoefde ik geen theelepeltje meer, laat staan een toetje. De zin in een man was me bovendien totaal ontschoten.

Wat deed ik hier nog als de enige man waar ik iets in had gezien zich zojuist op een commanderend gedrocht had gestort? Wanneer betekende een gesprek nog iets? Wanneer kon je er van op aan dat iemand jou ook leuk vond? Waar kon je überhaupt nog van op aan? Die intuïtie van mezelf kon ik in elk geval rigoureus in het vuilnisvat mieteren.

Met een pokerface nam ik weer plaats. 'Waren er geen dessertlepeltjes?' vroeg Michaela. Ik nam een grote teug wijn, waarna mijn glas weer volgegoten werd. Michaela haalde haar schouders op en roerde met haar vingers in iets wat een nagerecht had moeten voorstellen. Beminde en Lotte hadden klaarblijkelijk alleen elkaar klaargemaakt in de keuken. 'Hoef jij niet?' vroeg David. Opvallend, het eerste wat die jongen zei had betrekking op een gang van het diner en in hoeverre hij ervan kon profiteren. 'Ben jij een toetjesman?' vroeg Michaela hem met zwoele stem. Ik wist nu al dat ik vannacht geen oog dicht zou doen.

Net toen Michaela haar vingers liet aflikken door David kwamen Lotte en Beminde uit de keuken gewandeld alsof er niets aan het handje was. Beminde nam plaats naast mij. 'Wat vinden jullie van ons dessert?' vroeg hij. Bijna iedereen stak twee duimen in de lucht en juichte luid. Beminde rakelde ons gesprek op, terwijl ik er apatisch bijzat. 'Wil je nog een hapje?' vroeg Beminde, terwijl hij een stel vingers met prut voor mijn mond hield. Vingers die zojuist ook een bezoekje gepleegd hadden aan de prut van Lotte. 'Ik ga slapen', zei ik. Ik stond op, zwalkte naar mijn kamer en plofte in slaap.

's Nachts werd ik wakker van een bonkend geluid. 'Ohja schatje!' hoorde ik Michaela fluisteren. Het bijhorend mannelijke gekreun kon niemand anders dan David zijn. Gelukkig had ik oordoppen bij me. Bert en Florien, Lotte en Beminde, Michaela en David, ik kon net zo goed naar huis gaan. Maar wat was ook alweer het advies van 24u?

'Gewoon een kwestie van de knop omzetten en genieten van boeiende gesprekken en enerverende activiteiten. 24u is the place to be voor nieuwsgierige mensen!'

Hoewel ik voornamelijk nieuwsgierig was of mijn Expeditie MAN ooit zou slagen, kon ik in het kader daarvan dit weekend het beste zien als een oplaadmoment. Zodat ik bij thuiskomst mij weer loeihard kon storten op culturele events, een boomplantmiddag, voetballen op het Museumplein, één of ander Haags festival en een vijf uur durend toneelstuk.

De volgende ochtend stond ik hyperfris op. Tijdens het ontbijt waren de meeste mensen katerig, sloom en bovendien pesterig tegen de zojuist gevormde koppels. Er werd geginnegapt over de seksscène van Michaela en

David, gelachen om de zogenaamde samenwoonplannen van Florien en Bert in Scheemda en gespeculeerd over het uiterlijk van het eerste kind van Lotte en Beminde. Ik liet het wat langs me heen gaan. Ik wilde me immers opladen.

Freek en Merie kwamen aan het einde van het ontbijt binnenwandelen. 'Goedemorgen allemaal!' riep het duo in koor. 'Goed geslapen?' De groep juichte in koor en hier en daar werd een duim opgestoken. 'Vandaag gaan we lekker actief de bossen in!' kakelde Merie. 'We gaan lekker uitdagend GPSen!' riep Freek. Iedereen keek blij verrast. Was ik dan de enige die niet wist wat GPSen inhield? 'Ehm, wat houdt dat precies in?' vroeg ik voorzichtig. 'Dat weet ik ook niet. Maar nadat we jullie hebben afgezet op coördinaat N52.22126$^E$5.72098 wordt alles helder', verduidelijkte Freek. 'Trek lekker comfortabele kleding aan, dan gaan we ervoor!' riep Merie. Ik kon wel wat lekkerders verzinnen.

Op coördinaat N52.22126$^E$5.72098 kregen we een fiets, een kaart, een route en een kompas. De GPS-begeleider Nico legde uit wat de bedoeling was. 'Zometeen gaan jullie in duo's werken en op zoek naar het eerst volgende coördinaat. Daar zal een drankje jullie opwachten.' Niemand luisterde naar Nico, want iedereen was als een basisschoolleerling bezig om duo's te vormen. Ik was de enige die aandachtig naar Nico luisterde. Vervolgens kregen we te horen dat er al een verdeling was gemaakt. Johan en ik vormden duo vier.
'Dit wordt een inkoppertje', zei Johan toen wij krap twee minuten op de fiets zaten. 'Hoezo?' vroeg ik, terwijl ik wat aan de bijna wegwapperende kaart frommelde. 'A: ik ken dit gebied op mijn duimpje en B: ik

heb tot mijn drieëntwintigste op scouting gezeten.' Dat kwam goed uit. Hoe eerder we terug zouden zijn, des te sneller kon ik mij met nieuwe energie en vol inspiratie op mijn boek storten.

Binnen vijf minuten waren we bij coördinaat N52.22126$^E$5.72098. Johan en ik sloegen een appelsap achterover en crosten verder. Opeens begon hij te praten en dat hield niet meer op. 'Michaela is natuurlijk een geweldig geil wijf, maar ik ken dat nu wel. Ik zoek inhoud. Wat dat betreft heb ik mijn aandacht momenteel meer gericht op Doortje. Want ja, uiterlijk is leuk, maar waar wil je je kinderen mee grootbrengen, hè? Dat is natuurlijk de vraag.' Op coördinaat N51.443816$^W$2.62031 moesten we handboogschieten. Niemand keek, dus ik liet Johan al het schietwerk doen. Twee minuten later vervolgden wij onze weg. 'Ik had eerst al mijn pijlen op Florien gezet.' Johan lachte hard om zijn eigen grap. 'Maar goed, die is nu met Bert en dat gun ik ze helemaal. Zo ben ik dan ook wel weer.' Op coördinaat N51.241878$^W$7.48222 moesten Johan en ik een parcours quadrijden. Ook dat deed Johan met drie vingers in zijn neus. Terwijl we over bulten knalden en door scherpe bochten raceten, praatte Johan verder over een ex. Tenminste die indruk had ik. Weer op de fiets, begon Johan over Suus. 'Kijk, Suus is gewoon een ontzettend mooie en zelfbewuste vrouw, maar dat is net effe te hoog gegrepen voor mij. Ik moet wel een beetje het gevoel hebben dat ik het mannetje ben.' Op coördinaat W13.561134$^s$2.81934 lagen bruine boterhammen met kaas. Johan wilde er bij gaan zitten, maar ik loog dat ik het koud had. Snel propten wij, al fietsend, een serie boterhammen naar binnen. 'Lotte is best een vlot type, maar daar kan ik het niet op doen. Ik val gewoon niet op volle vrouwen. Ik begrijp niet wat Beminde met haar moet. Het zullen vast haar tieten zijn.' Opeens stonden we voor landhuis Le Lac. Merie stond op het erf in een plantenbak te rommelen. 'Is er iets fout gegaan?' vroeg ze. Johan liet met een brede smile ons scoreboekje zien. 'Wauw!' riep Merie, 'dit is een record!'

'Zullen we nog wat nakletsen?' vroeg Johan toen we naar binnenwandelden. 'We?' vroeg ik. Johan keek me vragend aan. 'Ik dacht dat je super-arrogant zou zijn,' biechtte hij ongevraagd op, 'maar nu we zo gezellig hebben gepraat heb ik mijn mening herzien.' 'Fijn Johan, maar ik ga even lezen.' 'Dat kun je toch ook thuis doen?' merkte hij op. 'Daar heb je gelijk in', gaf ik toe en ik liep naar de slaapkamer, pakte mijn boek en nam plaats in de woonkamer. Johan pakte een tijdschrijft en ging tegenover mij zitten. 'Als jij nou een vent was, hè, op welke vrouw zou jij dan vallen?' vroeg hij. Vervolgens ratelde hij verder over op welke jongen hij zou vallen als hij een vrouwelijke deelnemer zou zijn. Ik probeerde mij af te sluiten voor de prietpraat van Johan. Dat lukte aardig, tot hij het wel heel bont maakte.

'Ja, smaken verschillen natuurlijk, maar ik houd dus van kaal. Lekker smooth, jong, alles eraf. Wat jij?' vroeg hij. Ik keek op vanachter mijn boek. 'Misschien ontgaat jou hier één klein, maar superbelangrijk feitje,' zei ik, 'ik ben een *vrouw*. En een hetero-vrouw is over het algemeen niet geïnteresseerd in borsten, kale kutten, de geilheid van Michaela of de porno-kwaliteiten van je ex', zei ik. 'Wat ben jij toch arrogant!' riep Johan en hij verliet de woonkamer.

Ik legde mijn boek neer en staarde voor mij uit. Al probeerde ik het nog zo hard, dit weekend werd nooit een oplaadmoment. Waarom zou ik mijzelf nog langer martelen als ik vanavond op stap kon in Amsterdam? Of naar dat verjaardagsfeest van de vriend van Reisgenootje in Haarlem? Naar de bioscoop? Of gewoon koffie drinken met Wijze Vriendin? Zou het niet heerlijk bevrijdend voelen als ik gewoon zou opstappen? Durfde ik dat? Alleen Johan, Merie en Freek waren op het landgoed. Als ik als een idioot mijn koffer pakte, kon ik over tien minuten op weg naar huis zijn.

Pijlsnel stond ik op en galoppeerde naar de slaapkamer. Daar gooide ik mijn dekbedovertrek en rondslingerende kleding in mijn koffer. Rap deed ik hem dicht. Ik liep zachtjes over de gang en rende het erf over. 'Shit, mijn jas ligt nog binnen!' riep ik hardop. Ik zette mijn koffer voor de auto, sloop naar de woonkamer, haalde mijn jas van het haakje en daar was Freek. 'Gaat het?' vroeg hij. 'Zeg Freek,' hijgde ik, 'ik ga er vandoor.' 'Echt waar?' vroeg hij vol verbazing. 'Dit is gewoon niet mijn manier hier.' 'Maar dan mis je de Tour of Soupy!' riep Freek verontwaardigd. 'Tour of Soupy of niet ... ik ga!'

# 4. Politieman

*Als je iets kwijt wilt, leen het dan aan een goede vriend.*
Platus

Broer en ik gingen twee dagen voor oud en nieuw een avondje *dicen*. Toen ik de trap van mijn appartement afliep, ontving ik een sms'je:

> Fijne kerstdagen gehad?
> Ik heb kaarten voor
> Oud&Nieuw-feest in the
> Jimmy. Ga je mee? X
> Vraagstuk

Vanaf de straat keek een vrouw mij zoekend aan. 'Zijn die van jou?' vroeg ze. Ik rinkelde met mijn sleutels om aan te geven dat de gevonden sleutelbos een andere eigenaar toebehoorde. 'Waar lagen ze?' vroeg ik. 'Voor jouw deur', zei de vrouw op een toon alsof ik iets met de sleutels te maken had. 'Ik weet het verder ook niet', zei ze en ze drukte de bos in mijn handen. Ik had absoluut geen zin om naar het politiebureau te gaan. Te meer omdat ik aan de late kant was. Broer kwam steevast te laat en ik moest hem, als oude zus, het goede voorbeeld geven. Gelukkig wemelt het blauw in Amsterdam. Ik was nog niet de hoek om of er reed een politiewagen langs. Ik zwaaide en riep: 'Ik heb een sleutelbos gevonden.' 'Waar heeft u die gevonden mevrouw?' vroeg één van de twee politie-agenten. 'Voor mijn huis.' 'En waar is dat?' vroeg de vrouwelijke helft geërgerd.

Vervolgens zei ik 'straat' in plaats van 'kade'. Ik weet niet wat het is, ik word altijd een beetje zenuwachtig van politiemensen. 'Dan ben je er nu fijn vanaf, hè?' vroeg de politieman lachend. Ik overhandigde de sleutelbos, glimlachte ongemakkelijk naar deze niet onaantrekkelijke verschijning en fietste gehaast weg.

Het werkwoord *dicen* is afgeleid van het boek 'The Dice Man', een novelle uit 1971, geschreven door Georde Cockcroft (alias Luke Rhinehart). Het gaat over een psychiater die zijn leven laat afhangen van de dobbelsteen. Dit loopt uiteindelijk ontzettend uit de hand met seksuele experimenten en een dode. Broer en ik wilden niet dood, noch seksueel experimenteren, maar wel eens een keer wat anders. Dus besloten we de avond geheel te laten afhangen van de dobbelsteen. Met uitzondering van onze ontmoetingsplek, café Proust op de Noordermarkt. Het begon meteen goed, want volgens de dobbelsteen moesten we buiten zitten. Aangezien het min vier was, moesten we snel een plan de campagne bedenken, omdat er anders niets meer te dobbelen viel. 'Hoe was kerst met de hondjes in Groningen?' vroeg Broer. Klappertandend een praatje maken had niet mijn prioriteit, maar kennelijk was Broer lekker op temperatuur. 'Echt jammer dat je er niet bij was dit jaar', zei hij.

Broer en ik gooiden opnieuw. Even was eten, oneven de hele avond met een knorrende maag rondlopen. Gelukkig was het even. Ik had de hele dag met de fiets van het ene naar het andere werk gereden en daardoor enorme trek gekregen. De vraag was nu: waar eten? We maakten een lijst van mogelijke eetplekken, uiteenlopend van de Febo tot een luxe restaurant. Het werd een

Thai. Hoewel ik geen zin had in Thais, was alles beter dan vastvriezen aan een stenen bankje. 'Lopend of met de fiets?' vroeg ik Broer. 'Even is lopen, oneven is fietsen.' Het werd een kwartier lopen. Broer op smoothy gympjes, ik op anti-dicehakken.

Het nadeel van Aziatische restaurants vind ik de aankleding: saai, conservatief, kleurloos en met allemaal prullaria in de vensterbank die je reinste horizonvervuiling vormen. En dat terwijl het volgens mij een gat in de markt is om een gezellige Aziatische eettoko te beginnen.

Zelf een gerecht kiezen was er uiteraard niet bij. Broer nummerde wat gerechten tot en met twaalf en gooide ons avondmaal bij elkaar. Ik had een supersimpel noedelgerecht met flauwe groente, Broer had een brand-je-bek-gerecht. Bovendien mocht hij het eerstkomende half uur niet naar het toilet, aldus de dobbelsteen. Terwijl Broer een Thais biertje moest drinken, mocht ik de hele avond alleen maar thee. Het voordeel van dit onappetijtelijke tafereel was dat wij binnen een half uur weer buiten stonden. We hadden de hele avond nog voor de boeg. Hoe zouden wij onze avond voortzetten? Eén was naar de bioscoop, twee was een rondvaarttocht maken, drie was het seksmuseum bezoeken, vier was een stadswandeling door de Jordaan maken, vijf was milkshake halen bij Mac Donalds en zes was een theatervoorstelling bezoeken via de one-minute-ticketshop op het Leidseplein. Broer gooide drie. Een bezoek aan het seksmuseum. Niet iets om met je broertje te doen.

Ik vreesde opgehitst en klaar voor actie uit het museum te stormen, dicend of ik een aantrekkelijke voorbijganger een trek- of duwspel zou weggeven. Maar het seksmuseum bleek helemaal niets met seks van doen te hebben. Het had meer weg van een afgetrapte versie van het sprookjesbos van de Efteling. Beeldjes van fallussen, enorme borsten en ballen stonden in de vitrines. Een plastic man floot elke voorbijganger na, gevolgd door een irritante lach. Op de bovenverdieping waren foto's met oerwoudvagina's tentoongesteld en er hingen pornokiekjes uit de oude doos. Deze oogden vooral clownesk. In een ander vertrek werd Marilyn Monroe getoond en werd haar droevige verhaal verteld. Ook niet iets om warm van te worden.

We struinden het Damrak af. Op de Dam besloot de dobbelsteen dat we in een fietstaxi moesten snacken. 'Even is een hotdog en oneven is een suikerspin', zei Broer. Het werd een suikerspin. 'Small is één, Medium twee, Large drie, extra Large vier, vijf is twee suikerspinnen en zes is toch stiekem hotdog.' Het werd extra Large. 'Getverdemme!' riepen we. De suikerspin nam meer ruimte in beslag dan wij samen. Bovendien smolt de spin, waardoor onze kleren, schoenen en haren één grote plakbende werden. Half vastgekoekt poogden wij ons een kwartier later uit de fietstaxi los te wrikken. Daar stonden wij weer, midden op de Dam tussen de kermisgasten.

'Eén is het spookhuis, twee de octopus, drie gokken, vier dat katapultding, vijf de botsautootjes en zes nog een vieze snack', zei Broer. 'Als het het spookhuis is, ga ik niet', dreigde ik het spel te bederven. 'Dat is verboden!' riep Broer. 'Je moet doen wat de dobbelsteen

191

zegt en verder niks.' Een zwerver liep langs. 'Eurootje?' vroeg hij. 'Even is een euro, oneven geen euro', zei Broer. De zwerver had geluk. 'Nog een keer gooien', zei ik. De botsautootjes.

Wij kochten twee munten en namen plaats in een blauw exemplaar. Opgefokte dertienjarigen stonden te popelen om ons aan gort te botsen. Ik was zo nerveus, dat ik alleen nog maar hard kon hinniken. Eén van de botscoureurs werd daar nogal agressief van. Hij dacht namelijk dat ik hem uitlachte. Toen de twee minuten botsen voorbij waren, stapte hij uit zijn groene vehicel en stormde als een dolle op Broer en mij af. Opeens stond daar de politieman van eerder die avond. 'Dat zou ik niet doen', zei hij tegen de opgefokte jongeman.

Politieman stapte op ons af. 'Wat is er precies gebeurd?' vroeg hij. Broer en ik deden verslag, terwijl Boogie-Woogie hoogtij vierde. Op welk bureau zou hij werken? Op de Marnixstraat? Zou hij een vriendin hebben? Zou hij getrouwd zijn? Kinderen hebben? Het is echt een type voor een zoon. Ja, een zoontje in een zitje voorop. Ik zag het voor me, een jongetje met van die wantjes aan touwtjes en een afgezakte muts die opeens het zicht bedierf, omdat Politieman zo alert was op rariteiten in de omgeving. Of single? Een overwerkende single met een vet appartment. Hoewel, zo goed verdienen agenten niet, geloof ik. Zou hij op blond vallen? Of op mannen?

'Geschikte vent', zei Broer toen we nog een eindje samen verder fietsten, wat de Boogie-Woogie flink voedde. Ik dacht ook aan Oma die mij maanden terug een politieman had aangeraden. Mijn Boogie-Woogie werd nog levendiger. 'Ja, zeker een leuke man', zei ik. 'Om-draaien?' vroeg Broer. 'Nee, natuurlijk niet!' riep ik, terwijl hij rechtsomkeert maakte. 'Straks komen we die kermismongool weer tegen', waarschuwde ik. Dat hielp.

Twee dagen later was het oudjaar. Oud en nieuw is, op de voet gevolgd door Koninginnedag, het meest over-schatte feest van het jaar; de verwachtingen zijn altijd hooggespannen en het valt altijd tegen. Bovendien is er een nieuwe trend in vriendenland: hou zestien opties open, koop geen kaarten en kom op oudjaarsdag kwart over vier 's middags tot de conclusie dat het best akelig is dat je tijdens de jaarwisseling geen zak te doen hebt. Om dit voor te zijn had ik in oktober al iets geregeld. 'Ik ga naar Pacific Parc met oud en nieuw', gooide ik in de vriendengroep van Klaagvriendin. 'Met wie ga je dan?' vroeg een vriendin van Klaagvriendin. 'Met wat mensen', zei ik. In werkelijkheid wist ik toen nog niet met welke mensen. 'Goh, wat gezellig', vond iedereen. 'Ik ga morgen kaarten kopen, want anders is alles uit-verkocht', blufte ik verder, met als gevolg dat iedereen ook acuut kaarten wilde. Het thema was 'Trailer Trash'. Niet iets wat ik zelf zou verzinnen. Waarom niet ge-woon een 'Eighties Revival', 'Disco Mania' of, nog beter: een jaren vijftig-party? Ik deed een kleurrijke hoofddoek om, grote oorbellen in en hees me in een zigeunerjurk zonder zakken. Dat was niet zo praktisch, want nu moest ik Klaagvriendin vragen mijn geld plus fiets- en huissleutel in haar tas op te bergen.

Eenmaal binnen ging ik strak aan de zuip. Dat had ik al weken niet meer gedaan, omdat het me nooit ergens gebracht had en al helemaal niet in de richting van een

193

interessante, mooie, intelligente, humoristische, blijvende man. Toch had ik behoefte om helemaal los te gaan. Misschien dat het ditmaal wel leidde tot de man die ik op een dag toch eens zou moeten ontmoeten.

In de vriendengroep van Klaagvriendin zat een stel, waarvan de man enorm met mij flirtte. Zijn vriendin stond ernaast en leek dat prima te vinden. Het was een aardig ogende man. Aanvankelijk liet ik het toe dat hij mij oraal druiven voerde. Maar toen er een druif op de grond viel en een voorbijganger er in trapte waardoor het een grote smurrie werd, bedacht ik me dat ik sinds mijn filosofische zondag vol inzichten en goede plannen, nog geen halve keer het goede voorbeeld had gegeven. Zelfstandig wc-bezoek lonkte. Nadat ik nietsvermoedend twintig cent op een schoteltje had neergelegd, werd ik plots door Overspelige Vriend gegrepen. Hij duwde mij tegen een wc-deur aan en zoende me ruw, terwijl zijn vriendin ergens om de hoek het glas hief met de rest van de vrienden. Ik hoorde zijn hart tekeer gaan, terwijl ik opmerkte dat het plafond een lekkage had. Eén ding was zeker, deze man had geen goede voornemens en, belangrijker nog: dit was volstrekt geen actie in het kader van mijn eigen goede voornemens.

Snel frommelde ik me los en haastte me naar beneden, temeer omdat het bijna twaalf uur was. In mijn haastige spoed liep ik frontaal tegen een man op. Ik besloot links van hem te gaan te gaan en hij besloot rechts langs mij te gaan. Toen bedacht ik dat ik rechts van hem zou gaan en hij bedacht dat hij mij links zou passeren. 'Gaat lekker zo, hè?' merkte ik op en ik keek de man grinnikend aan. Deze man had ik eerder gezien, het was de inbeslagnemer van de steutelbos alias reddende engel bij de botsautootjes, alias Politieman. 'Hoi,' zei Politieman, 'kennen wij elkaar?' Tijd om hem uit te leggen hoe de vork in de steel zat had ik niet. Ik werd door iemand van de vriendenkliek meegetrokken richting een tree champagneglazen.

Het was twee voor twaalf. Om mij heen haalde iedereen mobieltjes uit zakken en tasjes. Toen het aftellen begon stond de menigte klaar voor de start om sms'jes te versturen, met gretige blikken in hun ogen en popelende vingers op de toetsen. Klokslag twaalf werden vrienden haastig gezoend om zich vervolgens en masse aan de mobiele telefoon te vergrijpen. Het daaropvolgende uur was niemand aanspreekbaar. Iedereen belde of berichtte. Zelfs de dj sms'te tussen het aankondigen van nummers door. Het liefst wilde ik weg. Dit voelde eenzamer dan thuis op de bank zitten met een kop kruidenthee en naar het jaaroverzicht kijken. 'Wat een toestand', zei iemand achter mij. Het bleek Politieman te zijn. 'Gelukkig nieuwjaar!' riep ik en ik gaf hem drie zoenen op zijn wang. Waar drank al niet goed voor is. Politieman keek wat versuft, maar al gauw herstelde hij zich. 'Zullen we dansen?' vroeg hij. Aangezien iedereen aan het sms'en en bellen was, was de dansvloer leeg.

Of Politieman doorhad dat ik het sleutelmeisje was (ho, herstel:de sleutel*vrouw*, de dertig naderend), was mij niet duidelijk. Dat deed er ook niet toe: wij hadden contact ... als één van de enigen in Pacific Parc. 'Wil je wat drinken?' vroeg Politieman. We streken met twee glazen champagne neer op een bankje. 'Met wie ben je hier?' vroeg ik. 'Met collega's', vertelde Politieman.

'En jij?' vroeg Politieman. 'Met vrienden.' Die vrienden had ik overigens al een tijdje niet meer gezien op Overspelige Vriend na. Die hield mij nauwlettend in de gaten.

Vriendin van Overspelige Vriend ging naast mij staan. Ik stelde haar voor aan Politieman, al wist ik niet hoe hij heette. 'Wil je nog wat drinken', vroeg ze mij. 'Ik heb champagne, maar bedankt', antwoordde ik. 'Ga je zo met ons mee?' vroeg ze. 'Ik ehm,' hakkelde ik, 'zit hier nu even gezellig met Politieman.' Vriendin droop af en niet veel later zag ik het stel om een ander meisje heen dartelen. Het is maar wat je hobby is.

> Happy 2008! Bkrt drankje
> doen? X Kroegman

Ik lachte. 'Wat is er?' vroeg Politieman. 'Allerlei kansloze figuren van de afgelopen tijd zijn eenzaam en willen mij zien.' Terwijl ik dit zei, realiseerde ik me dat er betere onderwerpen zijn om met een potentieeltje te bespreken. 'Wil jij hen zien?' vroeg hij. 'Niet bepaald,' zei ik. 'ik ben namelijk bezig met een serieuze expeditie.' 'Een serieuze expeditie ... wat houdt dat in?' Ik aarzelde. Hoe aantrekkelijk zou het zijn een man tijdens het eerste drankje samen, te vertellen met wat voor aparte figuren je je hebt ingeladen? 'Tijdperk Echte Relatie is aangebroken', floepte ik er uit. Volgens Dr. Phil is dit het stomste wat je kunt zeggen tijdens een eerste gezamenlijke consumptie, maar anderzijds had ik er genoeg van om om de kern heen te draaien. Politieman begon mij uit het niets te zoenen. Abrupt stopte hij. 'Ik hou niet van zoenen in het openbaar', zei hij.

'Wat kan jou dat nou schelen?' riep ik. 'Daar hou ik gewoon niet van!' riep Politieman terug. Dus we praatten wat tot de laatste ronde zijn intrede deed en wij op moesten stappen.

Ik zocht Klaagvriendin om afscheid te nemen en mijn sleutels plus geld terug te vragen. Klaagvriendin was nergens te vinden. Mijn mobiel had ik thuis gelaten, omdat ik Klaagvriendin anders werkelijk tot pakezel zou hebben omgetoverd. Buiten stond mijn fiets tegen een hekje; ik keek ernaar, maar kon er niets mee. Het bakte uit de lucht. Lopend naar huis gaan was zinloos. Mijn huissleutels waren mee in de tas van Klaagvriendin. 'Je kunt ook niet met mij mee', zei Politieman. Gezien mijn goede voornemens stond mijn hoofd daar gelukkig ook niet naar, maar op straat slapen leek me geen optie. 'Want?' vroeg ik brutaal. 'Ik denk niet dat mijn vriendin daar zo blij mee is.' Ik was niet alleen fietsloos, dakloos, geldloos en vriendinloos maar bovenal nadrukkelijk manloos. Politieman voelde zich schuldig en besloot mij daarom een lift te geven om de reservesleutels bij Broer op te halen. Politieman had geen achteropzitje, hij had een stang. En bovendien veel te veel gedronken. Maar wat voor keuze had ik? Op mijn afgetrapte hakken door de regen deed ik er minstens drie kwartier over voordat ik bij Broer was. En als hij niet thuis was, kon ik driekwartier ongedane zaken terug strompelen.

Dus stapte ik op de stang. 'We hebben hier immers van doen met een verantwoordelijke man: een Politieman welteverstaan. Dit moet goed komen', maande ik mijzelf tot kalmte. Hij slingerde behoorlijk, maar na tien minuten waren we bij Broer die thuis bleek te zijn. 'Is dat Politieman?' vroeg hij toen hij Politieman op een afstandje zo onopvallend mogelijk zag turen naar een pand op de hoek. 'Ja, maar even voor de goede orde: het wordt niks', zei ik meteen. 'Oh', zei Broer en hij overhandigde mij de huissleutels. Het was nu simpelweg een kwestie van rap naar huis gaan, Politieman slinks afwimpelen en slapen geblazen.

Het begon harder te regenen. Wat zou het heerlijk zijn als Politieman geen vriendin had. Als hij supersingle was en ontzettend zin had in een relatie. Want, ok, laten we eerlijk zijn, Politieman was een behoorlijk partijtje bot, maar afgezien daarvan was hij aangenaam gezelschap. Ik vroeg me af waarom hij zijn vriendin belazerde. Omdat ik daar toch op die stang zat en over vijf minuten Politieman nooit meer zou zien, bedacht ik me dat ik het hem in het kader van mijn brede interesse op het mannenvlak best kon vragen. 'Waarom zoen jij eigenlijk met andere vrouwen, terwijl je een relatie hebt?' vroeg ik hem. 'Vrouw-en? Vrouw-en? Niks vrouwen. Jij bent de eerste vrouw die ik zoen na zeven jaar monogame relatie', verdedigde Politieman zich. 'Oh, en dan is het plotsklaps legitiem?' riep ik. 'Nee, natuurlijk niet', gaf hij toe. 'Laat ik het dan zo formuleren,' begon ik, 'wat is de reden dat jij met mij hebt gezoend, terwijl je een relatie hebt?' 'Tja,' mompelde Politieman, 'je bent mooi, hè.' 'Er zijn wel meer vrouwen mooi,' zei ik licht geaggiteerd, 'geef antwoord!' Politieman slingerde enorm. We vielen bijna, maar hij herstelde zich. 'Jij zou dat wel willen weten, hè?' schreeuwde hij twee maal op dreigende toon. 'Ja,' riep ik luid, 'kom maar op met die info!' 'Ik zal het je vertellen waarom ik op oudjaarsavond met een mooie vrouw zoen, Elia!' Het leek net alsof Politieman kwaad was. Straks smeet hij me van de fiets af en zou ik als een vod worden achtergelaten op de eerste dag van het nieuwe jaar. Politieman snoof. 'Mijn vriendin is zeven maanden zwanger en heeft vanaf dag één van die klote-zwangersschap geen behoefte meer aan fysiek contact!' bulderde hij. We maakten weer een slinger van jewel-ste, vlogen bijna de weg op, waarna Politieman een ferme ruk naar rechts deed, hij een stoepje niet zag, de fiets naar rechts viel, hij op flitsende wijze 'afstapte' en ik tussen fiets en trottoir terecht kwam. 'Gaat het?' vroeg Politieman. Ik probeerde op te staan, maar mijn hoofd tolde en mijn rechterbeen werkte niet meer mee.

Waarom helpt die vent me niet overeind? Vroeg ik me af, terwijl ik steeds misselijker werd. Wat is hij eigenlijk een gigantische kloothommel. Waarom laad ik me weer met zo'n sul in? Politieman draaide in mijn vizier. Hij reikte zijn hand aan en ik stond op, waarna ik meteen weer ging zitten, want opstaan ging niet. Moet ik niet in stabiele zijligging? Waarom legt hij zijn jas niet over mij heen? Politieagent heeft toch EHBO? 'Is het nog ver naar je huis?' vroeg hij. 'Twee straten verder', murmelde ik. 'Ik til je op en dan leun je op mij, goed?' vroeg hij. Terwijl ik me afvroeg of ik een been gebroken had, scheen Politieagent nogal haast te hebben. Ik wilde weg. Weg van die *smooth operator* met levensvatbaar kind, weg van mijn ridicule keuzes aan de lopende band. Ik voelde me holistisch kotsmisselijk van het geheel. Ik sprong overeind, rechtte mijn schouders en liep in kordate pas richting mijn huis. Politieman sukkelde achter mij aan. 'Als het niet gaat moet je even gaan zitten', riep hij zogenaamd bezorgd. Na twintig meter zakte ik weer in elkaar. 'Je bent er bijna,' verzekerde Politieman mij, 'even doorzetten nu.' Ik voelde me eenzamer dan ooit. Mijn rechterbeen en -bil waren gevoelloos. Mijn hand lag open. Mijn hoofd bonkte. Alles draaide. Mijn voeten deden zeer. Ik was compleet doorweekt en als klap op de vuurpijl wilde iemand zo snel mogelijk van mij af. Het moest niet gekker worden! Ik sprong overeind, beende naar huis, knalde twee trappen op en smeet de deur voor de neus van Politieman dicht. De bel ging. 'Laat me even zien hoe ernstig het is, dit is niet verantwoord', tetterde hij door de intercom. Misschien had hij gelijk en had ik iets heel ernstigs. Dan werd ik morgen niet meer wakker en dan zou mijn familie zich de eerste dag van het jaar moeten bezighouden met een begrafenis. Politieman stapte mijn appartement binnen. 'Mijn rechterbeen is gevoelloos', vertelde ik. 'Laat eens zien.' Ik deed mijn panty uit en schrok van de blauwe plekken op mijn rechterbeen en -bil. 'Kan je alles nog goed bewegen?' vroeg hij. 'Het is pijnlijk, maar ik denk dat ik niets gebroken heb', antwoordde ik. Dat mijn rechterbeen en -bil helemaal blauw waren vond ik al erg zat, maar Politieman zei er niets over. 'En je hand?' Ik ging op de rand van het bed zitten, Politieman pakte mijn linkerhand en bekeek de schaafwonden. 'Heb je sterilon of een ander ontsmettingsmiddel?' vroeg hij. Politieman leunde lichtjes met zijn lichaam tegen mijn bovenarm aan. Had ik dit goed gevoeld of was ik gewoon helemaal de weg kwijt? 'Eh, nee,' hakkelde ik, 'ik heb geen ontsmettingsmiddel in huis.' Politieman keek vluchtig op zijn horloge. 'Ik weet nog wel een andere, hele goede remedie', zei Politieman en hij drukte zijn lichaam tegen mij aan. Ineens was ik geen zielig, zemelend, ziek, zoekend vogeltje meer. Ik sprong overeind, greep Politieman bij de arm, opende de voordeur en duwde hem naar buiten.

Even later nam ik plaats op de bank en gaf mijzelf een schouderklopje. Wat kon ik altijd buitengewoon van mezelf op aan in noodsituaties! Maar toen mijn warrige katerblik afdwaalde, bedacht ik me dat ik in noodsituaties misschien superflitsend reageerde, maar in het dagelijks leven nog steeds een ontzettend onverstandige mannenkeuze maakte. Het leek net alsof ik een antenne had voor NIDA-mannen. Alsof ik dan opleefde. Zo van: kom maar op met die minkukel. Aan hem weet ik tenminste wat ik heb. Niets! Hier kan ik van op aan, dit is duidelijk! Want zou ik er wel tegen kunnen als een man echt lief is? Als hij uren met mij wilde praten en knuffelen, in plaats van mij porno-technisch uit elkaar wilde rijten? Als hij geen gladjakker met hip scootertje was, maar een echte man die nadenkt, meedenkt en overpeinst. Er was maar één iemand met bindingangst en dat was ik.

## 5. Snelle Jelle

*Wees altijd een eerste klas versie van jezelf, in plaats van een tweederangs van een ander.* Princes Diana

Op nieuwjaarsdag 2008 ontwaakte ik rond negenen met de grootste kater allertijden. Zowel fysiek als mentaal. Ik besloot net zo lang door het Westerpark te wandelen tot de alcohol uit mijn lichaam verdwenen was. Maar als ik die missie tot een succes wilde brengen, dan miste ik de 2009 nieuwjaarsborrel in café Thijssen. En dat terwijl ik mij allereerst diende te vertonen bij de 2008 nieuwjaarsborrel van Thijssen. Hoewel ik bij de gedachte aan alcohol kokhalste, was afhaken 'nicht im Frage', want deze borrel was dé pick-up-plek van het jaar. Ik had natuurlijk nog steeds een expeditie te volbrengen. Nog drie maanden en acht dagen en ik zou verjaren. Toen ik langs Pacific Parc liep zag ik daar mijn fiets nog altijd op slot staan. Hoewel het vroeg was belde ik Klaagvriendin. Zij had nog steeds mijn fietssleutels en geld en ze had mij vooral wat uit te leggen. Voicemail. Ik sprak in.

*Hoi Klaagvriendin met Elia, na een katerwandeling door het Westerpark, sta ik hier triest naar mijn fiets te staren, die nog altijd op slot onnuttig staat te wezen. Kon gisteren mijn huis niet in, geen taxi nemen naar Broer die sleutels heeft. En ben ook nog heel hard gevallen. Kunnen we vandaag effe meeten? Beetje raar gegaan allemaal. Ok, doei.*

Ik hoorde niets en besloot mij te storten op geschikte kleren voor de borrel. Aanvankelijk was ik van plan een fleurig jurkje te dragen, maar zelfs dwars door een zestig dernier panty heen was duidelijk te zien dat mijn rechterbeen één grote semi-necrotiserende plek was. Een spijkerbroek met overhemdje dus maar. Want voor de leken: Thijssen = kak. Twee van mijn roeiploeggenoten waren al binnen, begreep ik via sms. Bij binnenkomst kreeg ik een glas champagne in mijn handen gedrukt. Het was een hectisch gebeuren aldaar. Maar goed, dat heb je als de drank gratis is. Ik baande mij een weg door de menigte. Binnen enkele seconden merkte ik dat deze borrel een soort ongelooflijkmooiemensen.nl was. 'Gelukkig nieuwjaar!' krijste Ene Roeimaatje in mijn oor. Het was zo druk dat je maar een halve centimeter zicht had, zodat ik haar niet had gezien. 'Happy New Year!' joelde Andere Roeiploeggenoot vrolijk. Daar waar ik iets had gepoogd met masker, scrubgel, nagellak en föhn, zagen mijn roeimaatjes er uitgedost en vooral fris uit. 'Veel mooie mensen hier, hè?' merkte ik op. 'Ja, ik heb al wat gegadigden gespot', grapte Andere Roeiploeggenoot. Ik doelde eigenlijk vooral op de schoonheid van de vrouwen. Opeens vroeg ik mij af waarom ik nog langer de strijd aanging. Niet alleen hier, maar überhaupt. Er was altijd een mooiere, betere, geilere, langere, dunnere, hippere, intelligentere, praatgragere, humoristischere, succesvollere vrouw dan ik. Wat is nog bijzonder? Wat is ultiem? Wanneer kom je op het punt dat je zegt: 'ok, zo is het klaar, zo is het goed, ik zit vol.' Wanneer ben je bereid om steeds weer opnieuw te kiezen waar je voor gekozen hebt? Wanneer zou iemand zich niet laten verleiden door een ander stel lekkere benen of een ander vlot praatje? Wanneer gaat iemand er vol voor? Wanneer zou ik er trouwens zelf ooit met volle overgave voor kunnen gaan?

Terwijl ik voorzichtig een slokje champagne nam, zag ik mensen om mij heen populair doen, zich volgieten en nauwelijks contact maken. Ik ving een gesprek op over een jurkje in de uitverkoop bij de Maison de Bonneterie, een slap feest van de avond ervoor, het moeten bezoeken van een oom en tante en nog iets over superschattige oorknopjes van een wildvreemde. 'Ej, ik ga maar weer eens', zei ik. De roeimaatjes waren helemaal in hun element, dus tegenstribbelende klanken bleven uit.

Ik besloot de (nog erger geworden) kater er definitief uit te wandelen. Langs de grachten welteverstaan. Het begon te miezeren, maar dat was prima, want zo voelde ik me precies. Miezerig. Sinds mijn inzichten had ik stelselmatig musea bezocht, filmhuisfilms gezien en een stadswandeling gedaan op een zondagmiddag. Ik was aanwezig geweest bij een intellectueel tv-programma en had mij verwikkeld in een discussie over milieuproblematieken. Zou ik me dan toch moeten aanmelden bij dat gereformeerde zangkoor?

Op een bankje zag ik een stelletje passioneel zoenen in de regen. Niets hield ze tegen. Ik werd ineens misselijk van het hele proces dat mij ooit weer eens te wachten stond. Van het gehakkel tot een date naar de eerste zoen tot het wachten op eindelijk eens een antwoord op een sms'je; van alle onzekerheden op een stokje. Uiteraard behoorde het tot de mogelijkheden recalcitrant te worden, maar ik had nog maar drie maanden te gaan en dat hield in: nu of nooit. Iedereen roept altijd dat geluk niet maakbaar is, maar niets doen helpt zeker niet. Hoe kon ik ervoor zorgen dat op mijn dertigste verjaardag de ware Jacob naast mij zat? Ik piekerde me suf tot ik op het Leidseplein een opvallend reclamebord zag hangen.

Vind je ultieme date, simpel en snel,
Met Snelle Jelle vind je de ware wel!
Zie www.snellejelle.nu

Eenmaal thuis nam ik een kijkje op de website.

'Speeddaten werkt! Je gaat daten met dertig mannen op een toplocatie in Amsterdam. Na een korte uitleg ga je relaxed daten. Een hapje en een drankje tussendoor zorgen voor een ontspannen avond.'

Negentig minuten wildvreemd lullen met allemaal culinaire viezigheid tussendoor. Ik kon me wel wat relaxters bedenken voor op de vrijdagavond. Over de bank gekronkeld een drama kijken bijvoorbeeld. Of de kroeg in met Wijze Vriendin, die ik overigens al weken niet meer gezien had in verband met haar Thailand-trip. Of slapen bijvoorbeeld. Maar goed, ik kon nu wel plan B tot en met Q verzinnen. Kern was natuurlijk dat er niets anders op zat.

'Daarna beslis je of je je gesprekspartner nog eens wilt ontmoeten. Je noteert – discreet – een 'ja' of 'nee' en gaat naar de volgende date. Misschien is het liefde op het eerste gezicht, maar het kan ook zijn dat je nog eens verder wilt kletsen over gedeelde interesses. Of wellicht denk je je ideale bridge-partner of wandelmaatje gevonden te hebben.'

Bridgepartner? Wandelmaatje? Dat klonk in elk geval lekker bejaard. Helemaal mijn straatje!

'Aan het einde van de avond geef je aan de organisatie door wie je leuk genoeg vindt voor een vervolgdate. De volgende dag ontvang je van ons een e-mail met het mailadres van jouw match(es)... en de rest is aan jullie!'

De organisatie van Snelle Jelle beweerde bovendien dat er 91% kans was op een match. Dit was mijn reddingsboei!

Een avondje speeddaten in je eentje klinkt heel stoer, maar is vooral ook doodeng. Ik besloot daarom al mijn single vriendinnen een e-mail te sturen met de vraag of zij zin hadden om mee te gaan.

Beste single-vriendinnen,
allereerst gelukkig 2008! En om daar maar meteen op in te haken: geluk is altijd een handje te helpen. Dus ik zou zeggen: help jezelf en ga met mij mee op vrijdag
4 januari ... speeddaten in Hotel Arena! Wie durft? X

Net toen ik de mail verstuurde, kreeg ik een sms van Klaagvriendin.

Ben je thuis? Kom er nu aan!

Hm, geen enthousiaste toon. Misschien was ze aangerand, ontvoerd, bestolen? Ik begon me ongerust te maken. Een kwartier later ging de bel. Klaagvriendin kwam binnen, legde mijn geld en sleutels op tafel neer, hield haar jas aan en ging op het puntje van de bank zitten. 'Wil je wat drinken?' vroeg ik. 'Nee', zei ze nors. 'Ja, hoe is dat nou precies gegaan gisteravond? Ik

206

was je zomaar kwijt', zei ik. 'Ik dacht: nou, die vermaakt zich wel, dus ik stap maar weer eens op', zei Klaagvriendin. 'Maar dan kan je toch wel even gedag zeggen?' vroeg ik. 'Ik ben er gewoon zo flauw van', begon Klaagvriendin. 'Dat wat het leven wil, dat wil ik niet. Alles gaat tweedehands. Ik heb geleerd op eigen benen te staan, verstandig te zijn, verantwoording af te leggen aan mezelf en mijn omgeving. Ik durf te geven en probeer te durven ontvangen. Ik vind mijzelf een sterke vrouw, maar dat helpt niet.' Klaagvriendin frummelde wat aan de mouw van haar jas. 'Wat wil het leven je leren, dat je leert om alleen te zijn? Volgens mij is alleen zijn onnatuurlijk en gewoonweg geen zak aan. Ik weet dat een man niet zaligmakend is en kinderen zijn dat ook niet, maar ik wil verder en ik wil door. Ik ben het zat om alles helemaal alleen te doen.' Klaagvriendin kreeg tranen in haar ogen. 'Ik ben nu bijna op een punt beland dat ik de neiging heb om op te gaan geven', zei ze. Ik legde een arm om haar heen. Klaagvriendin staarde naar de grond, om te voorkomen dat ze hard ging huilen. 'Het lijkt goddomme wel een test! Niets gaat vanzelf. De ene teleurstelling volgt na de andere.' Het was even stil. 'Ik snap het leven niet meer. Niets heeft meer te maken met wie je bent. Het enige dat telt is geluk hebben en op de juiste tijd en plaats ergens zijn.' Klaagvriendin begon te huilen. Ik stond op en haalde een zakdoekje. 'Ik heb het verloren, ik geef op. Al doe ik nog zo mijn best, alleen anderen bepalen of ze met mij de liefde willen aangaan. Het maakt allemaal geen zak uit wat ik doe.' Weer was het stil. 'Ik wist helemaal niet dat je hier zo mee zat', zei ik. 'En jij, jij hebt wel altijd iemand!' riep Klaagvriendin ineens. Ik was verbijsterd. Ik altijd iemand? Ze was zeker een 'n' vergeten. 'Hoe bedoel je?' vroeg ik. 'Nou gisteren bijvoorbeeld eerst Overspelige Vriend en later nog die andere kerel', zei ze. 'Nou, jippiejippiejoegij,' zei ik, 'het is krap 2008 en ik krijg een trio-aanbod en een serie blauwe plekken waar je u tegen zegt.' 'Hoezo blauwe plekken?' snikte Klaagvriendin. 'Die vent, die politieman was megaladder, maar ik moest helemaal naar Broer toe voor mijn huissleutels, dus hij gaf mij een lift. Toen ik bijna thuis was, slingerde die dronken tor zo erg, dat ik van de fiets sodemieterde. Moet je zien, helemaal blauw!' Klaagvriendin was niet onder de indruk. 'Jij hebt tenminste weer iets met iemand. Ik heb nooit echt iets met iemand', zei ze op verongelijkte toon. 'Die lapzwans heeft een relatie met een vrouw die zeven maanden zwanger is!' riep ik. Getver, wat deed Klaagvriendin irritant. 'Sorry,' zei ze, 'ik ben gewoon jaloers.' Ik was één brok ongeloof. Waarom zou iemand jaloers zijn op mijn relaties, terwijl er geen kanslozer figuur in relatieland was dan ik. Ik kon niets meer uitbrengen. 'In het kader van ons bikkelharde, vastgenagelde single-schap, is het wellicht een idee dat je mee gaat speeddaten met mij, aanstaande vrijdag!' zei ik, pogend de sfeer enigszins op te krikken. 'Ik zie nog wel', zei Klaagvriendin en ze stapte op.

Aanvankelijk wilden bijna al mijn single-vriendinnen mee. Maar een dag van te voren moest iedereen plotsklaps op wintersport, nu echt eens bijkletsen met vriendin X en/of een avondje voor zichzelf op de bank met dvd-tje en chocola. Omdat ik me al had ingeschreven en iedereen van mij verwachtte dat ik de speeddate volbracht, stapte ik de betreffende vrijdagavond zielsalleen op mijn fiets.

Het mooie van net doen alsof je zelfverzekerd bent, is dat iedereen jou ziet als zelfverzekerd, jou zo behandelt en jij je vervolgens zekerder gaat voelen. Behalve als je tijdens de weg die naar de entrée leidt, besluit dat de stenen van dichtbij misschien wel interessanter zijn om te onderzoeken dan dertig single mannen. Vliegensvlug stond ik op en keek om mij heen of een single mij gezien had. Gelukkig, alleen het personeel van Hotel Arena dat buiten stond te roken bulderde van het lachen. Ik snelde naar binnen.

Vurig verlangde ik terug naar een maand geleden toen ik onderuitgezakt met een stel vrienden op een bankje in het café-gedeelte van Hotel Arena hing. Nu liep ik als verloren gestalte naar de bar om zéér zelfbewust te vragen waar het speeddaten plaatsvond. Ik moest achter de bar langs door een deur. Daar stonden dertig tafeltjes met een blauw-wit tafelkleedje en een waxinelichtje klaar om mensen nader tot elkaar te brengen. Tevens stond daar al een aantal 'dates' met ontwijkende blikken, ongemakkelijke kuchjes en vastgeklonken handen aan glazen alcohol. Als iedereen ongemakkelijk gaat doen, word ik automatisch rustig. Natuurlijk was dit een uiterst serieuze aangelegenheid, maar nu ik hier toch was, kon ik net zo goed een poging tot vermaak doen.

'Heb je die blijerd gezien die daar op de bank zit?' vroeg een lang blond meisje aan een *petite* meisje dat toevallig naast mij stond. 'Hij ging huppelen toen hij zijn plankje kreeg, hoe zielig ben je dan?' 'Ik durf niet om mij heen te kijken', gaf Petite toe. 'Plankje?' vroeg ik. 'Ja, je moet een plankje halen waar alle namen van de mannen op staan', legde ze uit.

Net op dat moment vroeg Karin van de organisatie mij of ik al een plankje had ontvangen en overhandigde mij er één. 'Zijn jullie hier samen gekomen?' vroeg Lang/Blond. 'Nee,' zei ik, 'ik ben alleen.' Lang/Blond keek nogmaals schuchter achter zich. 'Ik bedoel die neus. Die neus, dan weet je genoeg', fluisterde ze. Ik deed alsof ik even keek. 'Drie minuten, hè? Drie minuten per persoon,' zei ze met bezorgde blik, 'hoe ga ik dat volhouden met die blijerd?'

Ik deed een poging de enscenering in mij op te nemen. Mannen hingen aan sta-tafels en loerden wat om zich heen, terwijl vrouwen samenklonterden. 'Ik heb wel tien keer geroepen dat we rechtsomkeerd moeten maken', zei een meisje met een dikke kralenketting. 'Maarja,' begon de vriendin van Kralenketting, 'je eierstokken klapperen, dus je moet wat.' Er werd niet gereageerd op vriendin van Kralenketting. Hield dat in dat er meer vrouwen waren die een kind-missie hadden? Of dat iedereen zo zenuwachtig was dat ze niet meer hoorden wat er gezegd werd? 'Ik kan me niet voorstellen dat dertig mannen zich hebben opgegeven voor vanavond', zei Lang/Blond. 'Ja, apart hè?' zei een meisje in een gewaagde rode jurk. 'Volgens mij is de helft acteur', zei Lang/Blond. 'Jij hebt vast al eens gespeeddate,' zei Kralenketting tegen mij, 'je komt zo relaxed over.' 'Dit is mijn eerste keer', zei ik. Wat volgde was een 'dit-is-ook-mijn-eerste-keer'-salvo. Niemand van alle kanslozen in relatieland mocht weten dat je een kansloze in relatieland was.

Karin van de organisatie pakte de microfoon en gaf een korte toelichting. Ze had er in elk geval zin in. Dat zou ik ook hebben met een inkomen van achttienhonderd euro in vier uur tijd. Doelgericht liep ik op tafel dertien af. Ik ordende mijn plankje, streek nog een keer door mijn haar en keek al gauw in de ogen van kans nummer 1.

Dat was Frenk. Frenk was zo nerveus dat hij mij drie keer vroeg waar ik vandaan kwam. Een hele prestatie in drie minuten tijd. Toch had ik in tegenstelling tot het stelletje genadeloze vrouwen dat ik vooraf om mij heen had horen praten, vooral waardering voor jongens zoals Frenk. Misschien hadden jongens zoals Frenk slapeloze nachten achter de rug, dagen niet kunnen eten en vooraf een biertje gedronken om 'een beetje los te komen'. Misschien hadden jongens zoals Frenk zich al meerdere malen naar 'single-events' zoals deze gesleept, omdat hun moeders zemelden om schoondochters en kleinkinderen. Misschien hadden jongens zoals Frenk assertiviteitstrainingen gevolgd, een goede kapper bezocht of zich zelfs overgegeven aan de handen van een schoonheidsspecialist. Petje af voor jongens zoals Frenk, maar waardering is niet het grondvest voor een goede relatie, althans niet voor mij. Het werd een nee.

De volgende man was Nico. Nico praatte drie minuten lang over zichzelf. Hij had een eigen bedrijf; hij kookte bij mensen thuis. Gretig gaf hij zijn businesskaartje. Toen Karin mij van het gesprek verloste vroeg Nico in vogelvlucht wat ik deed, waar ik woonde en hoe oud ik was. 'Zo kan die wel weer Nico', grapte mijn volgende date Stefan en hij duwde zijn maatje naar mijn tafelbuurvrouw. 'Effe mijn administratie bijwerken', ginnegapte Stefan toen hij had plaatsgenomen. Na een krabbeltje schudde hij mij de hand. 'Ik ben Stefan. Ken ik je niet ergens van?' Het leek mij vermoeiend om Stefan te zijn. 'Mijn maatje en ik waren in een gekke bui en dachten: waarom niet?' legde hij ongevraagd uit. 'Gaan jullie vanavond nog naar het feest hier?' vroeg ik hem. 'Ach, ja, je weet wel hoe die dingen gaan', zei Stefan. Ik schudde van nee. 'Nou, ja, ik zie altijd gewoon wel', verduidelijkte hij. 'Kijk, als een leuke dame mij vraagt of ik zin heb vanavond gezellig te gaan partyen, dan doe ik daar verder niet moeilijk over.' Ik knikte. 'Ik sta altijd overal voor open. Ik plan nooit. Ik ben gewoon heel makkelijk.' Vervolgens liep het gesprek spaak.

Met Jeffrey had ik een gedegen gesprek: werk, wonen, hobby's. Maar na negen keer over mijn baan, huis en sport te hebben gepraat was ik klaar voor een loopbaantraject, verhuizing en rust. Ik werd compleet saai van mezelf. Ik had de neiging mijn leven verbaal op te pimpen, maar door het besef dat ik een serieuze missie te volbrengen had, kon ik mezelf bedwingen. In mijn ooghoek zag ik een meisje onafgebroken roken. Schuin tegenover mij zat een meisje breedglimlachend haar beste beentje voor te zetten. Welke indruk maakte ik temidden van al deze vrouwen?

Het was tijd voor pauze. Ik bestelde aan de bar een cola light, die ik achterover gooide en bezocht het toilet. Daar was het een drukte van jewelste. 'Die dikke, heb je die al gehad? Die heeft het alleen maar over zijn ex!' 'Ja, en die kale ... die stinkt uit zijn bék!' 'Martijn was wel leuk.' 'Ja, Martijn ja. Maar die gaat ons echt niet kiezen', zei Kralenketting. 'Die valt op van die hippe meisjes. Zoals zij bijvoorbeeld.' Alle wachtende vrouwen keken mij aan. 'Ja, dat zou best nog wel eens een match kunnen zijn', vond vriendin van Kralenketting.

Met plaatsvervangende schaamte rukte ik mij los uit de vrouwenkliek. Ik vroeg mij af hoe het er aan toe ging op het herentoilet. Nee, eigenlijk vroeg ik het me helemaal niet af. Ik wist zeker dat het nooit zo erg kon zijn. Wat zijn vrouwen toch walgelijke schepsels, schoot het door mijn hoofd, als ik in een volgend leven terugkom als man, word ik homo.

Pim nam plaats aan mijn tafeltje. Pim zag er glossy uit en dat wist hij. Mijn voorkeur gaat over het algemeen niet uit naar zo'n man. Maar je moet iemand natuurlijk wel een kans geven. 'Doe je aan sport?' vroeg Pim. 'Sport is namelijk mijn lust en mijn leven.' Dat was hem aan te zien. Hoewel ik zelf minimaal tien uur per week spinde, rende en pumpte had ik weinig affiniteit met een 'perfect' lichaam. 'Ga je wel eens uit eten?' kaatste ik terug doelend op mijn voorliefde voor een man met bourgondische inslag. Maar Pim zat aan de voedingssupplementen. Ik vulde nee in.

Waldemar schoof zijn stoel aan. 'Even de administratie bijwerken', zei hij. Dat bleek een stopzinnetje hier. Waarschijnlijk iets van de doorgewinterde speeddate-deelnemer. Misschien bestond er een Hyves-pagina voor deze groep mensen. 'Dus jij bent materialistisch', concludeerde Waldemar nadat ik vertelde dat ik een appartement had gekocht in de buurt van de Jordaan. Ik omcirkelde nee.

Martijn glimlachte, gaf mij een hand en nam plaats. Martijn had een vriendelijk groot hoofd. 'Ben je hier met vriendinnen of alleen?' Ik vertelde dat ik alleen was gekomen. 'Stoer!' zei hij enthousiast. Frappant feitje: een vrouw alleen werd gezien als stoer. Een man alleen was een loser. 'Wauw, iemand die schrijft!' riep Martijn. 'Culinaire artikelen', verduidelijkte ik. 'Waar haal jij je inspiratie vandaan?' vroeg hij. 'De dagelijkse dingen, zoals in de trein zitten.' 'Dat kan ik me helemaal voorstellen', zei Martijn. 'Lekker in het zonnetje, turend naar weilanden, koeien, boerderijen en wolkenpartijen.' Ik zweeg. 'Avondlicht op een walnotenboom, met een slootje dat roze ziet van de opkomende maan en een grazend hert dat je even later ziet wegspringen richting een donker bos', fantaseerde Martijn verder. 'Eerlijk gezegd raak ik vooral geïnspireerd door de mensen in die trein', gaf ik toe. 'Dat kan natuurlijk ook', glimlachte Martijn. Karin kapte af. 'Was leuk om met je te praten, Elia.' Hoe leuk ik het zelf vond wist ik niet, maar ik vulde voor de zekerheid een ja in.

André excuseerde zich en peinste nog wat, terwijl hij naar de buurvrouw keek, die zich alweer had gericht op haar nieuwe date. Na een krabbeltje schudde hij mij de hand, legde zijn plankje neer en keek wat verstrooid om zich heen, alsof hij zocht naar een goed onderwerp. 'Ja, ehhm, dus, eh, Elia, eh...' Even was het stil. André snakte naar een thema. Met bibberende hand nam hij een schuchter slokje uit zijn glas fris. Dat ging niet helemaal flitsend. Het minuscule slokje kwam in een long terecht. Hij kuchte beschaafd. Keek mij aan. Gooide er nog een laatste kuchje tegenaan en vroeg: 'Hou jij van relaties?' Had ik dit goed verstaan? 'Of ik van relaties houd?' vroeg ik voor de zekerheid. 'Ja, ik bedoel natuurlijk, of jij, ehm, wat vind jij belangrijk in een relatie?' André kon natuurlijk ook niet weten dat ik daar inmiddels helemaal geen antwoord meer op kon geven. Dus ik kaatste zijn vraag terug. Iets met 'spontane meid' volgde. Dat werd dus nee.

De tweede pauze deed zijn intrede. Ik bezocht opnieuw het toilet, dat wederom overspoeld was met een groot aantal rood aangelopen dames. Het merendeel van de mannen werd uitgekotst. 'Je moet toch een keer 'ja' invullen', zei Lang/Blond, alsof je in een shabby restaurant de schnitzel koos omdat je toch wat moest eten. Bij de mannen aan de bar hing een sfeer alsof het licht bijna aanging en er minimaal gezoend moest worden. Martijn glimlachte en bood mij een drankje aan. Jeffrey knipoogde toen ik hem aankeek. Nico hief zijn glas toen ik het mijne aangereikt kreeg van Martijn. Martijn wilde meer weten over mijn werk. Ik had eigenlijk geen zin om daar over te vertellen, vooral omdat hij ongewenst veel belangstelling toonde in mij. Waar is die echte man? vroeg ik me af.

Karin attendeerde ons erop dat het spektakel weer verder ging. Nog tien te gaan, dacht ik. 'Waarvoor kan ik je midden in de nacht wakker maken?' vroeg Juan. Seks met een wereldman, dacht ik, maar antwoordde: 'Een wandeling met een gezellig hondje.' 'Wat is het spannendste wat je ooit hebt meegemaakt?' vroeg Juan vervolgens. Na de hele avond te hebben gesproken over werk, wonen en hobby's was mijn fantasie finaal op. 'Iets met een haai misschien', antwoordde ik duf. In werkelijkheid was het helemaal niet spannend geweest om anderhalve meter naar beneden te zwemmen en een doezelende rifhaai onder een steen te zien liggen. Maar het klonk best aardig. 'Ik heb tijdens het kite-surfen bijna een dwarsleasie opgelopen door een onverwachte windvlaag', zei Juan. Natuurlijk! Nee dus.

Nummer zoveel plofte neer en gaf mij een half handje. 'Ik heb het gehad. Komt niet door jou hoor. Dit is gewoon een overkill.' Hij stak een sigaret op. 'Wat is het mooiste wat je de afgelopen tijd hebt meegemaakt?' vroeg ik hem. Hij wreef verveeld met zijn hand door zijn wollige kapsel. 'Ja!' riep hij plots. 'Laatst stormde het! Dus ik zei tegen mijn huisgenoot: laten we naar zee gaan. "Naar zee?", vroeg mijn huisgenoot. Ja, juist nu. Dus ik regenjasje mee, huisgenoot meegesleurd ... Prachtig was het! Lekker tegen de wind aanleunen. Ja, dat was mooi!' Ik moest denken aan een opmerkelijk voorval tijdens mijn studietijd in Assen. Op een stormachtige dag zagen een studiegenoot en ik hoe een man met wapperende armen over de rotonde liep. 'Prachtig hè, die storm!' riep de man met verwilderde ogen. 'Nu heb je tenminste het gevoel dat je echt leeft!' Hij had gelijk, toch kreeg ik geen opleving van mijn gesprekspartner.

'En dan is nu het moment aangebroken, dames en heren, dat jullie de definitieve ja's en nee's moeten invullen en de plankjes bij mij inleveren', galmde Karin door de ruimte. Afgezien van een aantal stellige 'nee's' had ik maar één 'ja' ingevuld. Opeens realiseerde ik me dat wanneer ik bij elk nog niet ingevuld vakje een 'ja' invulde, ik waarschijnlijk de meeste kans had om mijn missie te laten slagen. 'Vanaf nu wil ik me focussen op het eerst beter leren kennen van de ander', zei Ene Roeimaatje laatst. Zo had ik het nog nooit bekeken! Het leek me een goed idee. Ik kruiste drieëntwintig keer ja aan en leverde het formulier bij Karin in.

De volgende ochtend ontving ik een e-mail.

216

Beste Elia,

bedankt voor je deelname aan de speeddate-avond van Snelle Jelle! Waarschijnlijk is er iets mis gegaan met je formulier. Wij konden helaas niet ontcijferen welke mannen jij graag opnieuw wilt ontmoeten, omdat je drie-en-twintig keer 'ja' hebt aangekruisd. Dat is vast een vergissing. Indien je het formulier alsnog wilt invullen op de gangbare wijze, dan vernemen wij dat graag. Mocht je ditmaal geen leuke man hebben ontmoet, dan nodigen wij je uit voor onze speeddate-avond van aanstaande vrijdag in club Rain.

Vriendelijke groet,
Karin van der Molen van het Speeddate-team.

Ik stond bijna in de fik van schaamte en besloot direct een nieuw e-mailadres aan te vragen.

Einde Expeditie MAN! Ik was blijkbaar zo'n vrouw die eenzaam en verlaten achter de geraniums verpietert om op een dag te sterven en pas weken later te worden ontdekt, door stankoverlast. Ik staarde verslagen voor mij uit. Misschien moest ik mijn dertigste verjaardag op IJsland vieren; in de kou en alleen.

# 6. Beginnend Iets

*Het komt altijd goed en als het niet goed komt, dan komt het ook wel weer goed.* de buurman van een ex-collega van een bekende

De maandag daarop belde Roeier. Of ik zin had in een filmpje. Ballet vond hij toch wat te pretentieus. Hij stelde voor om komende zaterdag eerst een vorkje te prikken bij District V op het van der Helstplein in de Pijp en daarna naar bioscoop Rialto te gaan. Het was aangenaam om Roeier weer te zien. Het eten was goed, de wijn smaakte naar meer en de gespreksonderwerpen waren interessant. Na de film 'My Blueberry Nights' dronken we nog wat in de biosbar. Terwijl hij twee cola light aan de bar bestelde, viel mij op wat voor mannelijke verschijning Roeier eigenlijk was.

Na drie zoenen op de wang fietste ik weg. Ik werd helemaal vrolijk. Wat een charme èn mannelijkheid. Ik wilde hem weer zien, maar ik was niet verliefd. Dan zal het wel niks zijn, flitste het door mijn hoofd. Maar toen ik eens goed nadacht, kwam ik tot de ontdekking dat verliefde gevoelens mij tot op heden nergens hadden gebracht.

> Bedankt voor de gezellige avond. Zin om zaterdag wat leuks te doen?

Sms'te ik op maandag. Roeier belde mij die avond, terwijl ik een spinningles volgde. Hij voicemailde dat hij 'blij verrast' was en mij later deze week zou mailen. Ik wist niet waar dit heenging. Ik wist alleen dat ik hem weer wilde zien. Om in alle rust te kijken wat hij me deed. Of niet. Op donderdag mailde Roeier dat er muziek gemaakt werd in een café, waar je tevens kon eten. Ik mailde terug dat het me wel aardig leek. Als alternatief stelde Roeier voor mij pasta te leren maken. Misschien gebruikt hij een verrassend recept, dacht ik als culi-expert.

Die zaterdag stond ik voor mijn klerenkast. Meestal graai ik in het donker naar iets. Dat pakt bijna altijd goed uit. Maar 'goed' was dit keer niet genoeg. Het moest bijzonder zijn. Vrouwelijk, maar niet te sexy. Het moest kleurrijk zijn, maar niet ogen als Afrikaanse klederdracht.
Twijfelen doe ik bijna nooit. Ik weet altijd meteen wat ik op de muren wil, welke fiets ik zoek, wat ik wel en niet ga doen op een dag. Maar nu stond ik te dubben voor mijn klerenkast, terwijl de tijd drong. En als ik ergens een hekel aan heb, dan is het wel aan te laat komen. Waarom zo ingewikkeld doen, als ik gewoon bij een vriend op bezoek ga? sprak ik mezelf toe. Want meer was het niet. Snel trok ik een zwarte broek, shirt en een stel vrolijke pumps uit de kast, kalkte make-up op mijn gezicht en kwam op tijd.

Halverwege de derde verdieping rook ik dat Roeier zich al flink had uitgesloofd op culinair vlak. Hij opende de deur, schonk mij een wijntje in en kookte verder. Ik hing wat over een stoel en vond het reuze relaxed. Hoe vaak overkomt het een single vrouw, dat er na een dag hard werken iemand de deur voor je opent, een glas wijn voor je inschenkt en kookt? Nooit dus. Zelfge-

maakte pesto en gebakken knoflook traden mijn neus-
vleugels binnen, terwijl ik bladerde in een Volkskrant
Magazine. Dit was te ontspannen. Ik was haast vergeten dat ik in de leer moest op pastagebied. Roeier drukte mij een schaal met *Farina di semola di grano duro
– tipo 00* van de Bijenkorf in de handen. 'Wat moet ik
hier mee?' vroeg ik hem, in de hoop dat hij het van mij
overnam. 'Water en olijfolie erbij en kneden maar', zei
hij, terwijl hij verder roerde, strooide en hakte. Na het
toevoegen van olijfolie van Euroshopper en wat kneed-
werk moest het deeg rusten in de koelkast. Een half uur
later plette Roeier het deeg en sneed het in dunne reep-
jes. Vijf minuten koken en je had heerlijke papardelle.
Dit was een confrontatie-momentje, want zo'n simpel
gerecht had hij ook kunnen doorbellen. Waarom zat ik
hier?

Het eten smaakte voortreffelijk en de wijn was perfect.
Roeier en ik praatten over van alles tot het rond twaal-
ven werd. 'Zullen we gaan stappen?' vroeg hij. Het
leek mij wel wat om Roeier in een andere omgeving te
zien bewegen. Wellicht viel ook dat in goede aarde. 'Ik
heb zin om te dansen!' zei hij. Behoorlijk serieuze
Roeier wild swingend in een discotheek; ik kon me er
niets bij voorstellen. Even later fietsten we richting het
Leidseplein. 'Mijn achterlamp is stuk', merkte ik op.
'Ik fiets wel aan de buitenkant', zei hij.

In de Melkweg was het volk jong. Mij stoorde dat niet,
maar Roeier miste blijkbaar aansluiting. 'Je kunt kiezen,' zei hij, 'drie kwartier in de rij staan bij Paradiso of
meteen binnenlopen bij de Winston in de Warmoes-
straat.' Die keuze was snel gemaakt. Eenmaal in de
Winston had ik het gevoel in de jaren tachtig te zijn

beland. Gezien mijn nostalgisch ingestelde spirit was het hier supergoed toeven. 'Als je verwacht om hier hooguit zeven sterke nummers te horen op een avond', zei Roeier, 'dan is dit ronduit een toptoko.'

Al gauw klonk 'So lonely' van the Police uit de boxen en Roeier ging er keihard tegenaan. Enige seconden later danste hij innig met twee toffe meiden, terwijl een man een gemoedelijk gesprekje aanknoopte met mij. Roeier probeerde mij de dansvloer op te lonken, maar daar had ik te weinig voor gedronken. De twee meiden en de man bleken geschikte figuren. Opmerkelijk hoe je het met wildvreemden op een drinken kunt zetten als waren het je beste vrienden. Al gauw vormden wij een clubje waarbij voor elkaar drankjes halen de grootst gemene deler bleek te zijn. En speciaal voor dit clubje gold dat je zo vreemd mogelijk moest dansen. Na een paar wijntjes waagde ik me op de dansvloer, maar vreemd dansen was niet echt mijn ding.

De sfeer in de Winston was ouderwets, de laatste drie nummers waren 'slownummers'. Roeier greep mij beet. We schuifelden ongemakkelijk over de dansvloer op Chris Isaac. Ondertussen was ons clubje uit elkaar gevallen. De man was weg. Eén van de twee meiden schuifelde met een Hollandsche Nieuwe, terwijl het andere meisje in haar eentje een beetje vaag bewoog. Misschien kan zij beter met Roeier gaan, dacht ik.

Het licht ging aan. Wat een confronterende toestand! Ik stoof naar beneden om de jassen te halen. Even later liepen we met de fiets aan de hand richting de Dam. Voor de Bijenkorf hielden we halt. Het was een kwestie van alleen of samen naar huis. Maar ik zou de laatste zijn die het initiatief zou nemen. 'Heb je zin om een kopje thee te drinken?' vroeg Roeier.

Twijfelen doe ik bijna nooit. Ik weet altijd meteen waar ik heen wil op vakantie, welk kledingsstuk ik wel of niet aanschaf en welke film ik wil zien. Maar nu stond ik dubbend op de Dam, terwijl de sfeer begon af te brokkelen. En als er iets is waar ik een hekel aan heb, dan is het wel met een halfbakken kutsfeer afscheid nemen. Waarom zo ingewikkeld doen, als ik gewoon bij een vriend op bezoek ga voor een kopje thee? vroeg ik me af. Want meer was het niet. 'Oké', zei ik en we sloegen links af.

Hoewel ik aan de lopende band bang was voor zijn verwachtingen en mijn reactie daarop en ik niet wist waar we mee bezig waren en naar welke troep me dit weer zou leiden, zat ik enkele minuten later op de bank bij Roeier. 'Wat voor thee wil je?' vroeg Roeier. 'Doe maar wat', zei ik. Ik kreeg Chinese bonen- en rijstthee. 'Wat is dit vies!' riep ik. 'Wil je een sinaasappel om weer een lekkere smaak in je mond te krijgen?' vroeg Roeier. Dat leek mij wel wat. Even later zat Roeier mij partjes sinaasappel te voeren. Toen het bijna op was boog hij naar voren en tuitte zijn lippen. 'Niet om het één of ander,' onderbrak ik hem, 'maar ik waag me tegenwoordig niet meer aan pseudo-intimiteiten.' Roeier trok zich terug en glimlachte. Wat was sinaasappel voeren eigenlijk super-intiem. 'Maar ik heb best zin, gewoon voor de gezelligheid en verder niks, om even samen in bed te liggen', zei ik. Tegen zes uur 's avonds de volgende dag, stelde Roeier – vanaf nu Beginnend Iets – voor samen te eten. 'Uit of thuis?' vroeg ik angstvallig. 'Gewoon hier', zei hij. Ik zuchtte van opluchting.

Teveel realiteit kon ik nog niet verdragen. Na het eten ging ik naar huis. Ik besloot er niets van te vinden, want dat was tot op heden toch totaal zinloos geweest.

Op de fiets werd ik gebeld door Wijze Vriendin. Ik had al tijden niets meer van haar vernomen. 'Kun je langskomen?' vroeg ze. Dat klonk vrij ernstig. Nog geen tien minuten later stalde ik mijn fiets in een overvol fietsenrek voor het huis van Wijze Vriendin. 'Hoe gaat het?' vroeg ze, toen ik binnenliep. 'Het gaat', zei ik. Ik wilde het er niet over hebben. 'En met jou?' vroeg ik. 'Het is allemaal zo verwarrend', zei ze en plofte neer op de bank. 'Twee weken geleden was ik met Noortje in Gambrinus in de Ferdinand Bol. Het was een legendarische avond. Ik had een sjans!' Sjans, dacht ik. We worden echt oud. 'Eerst sprak ik met een niet al te snuggere, maar heerlijke kerel en gaf hem mijn nummer. Later kwam er een grappige vent een praatje met me maken. Ook hem gaf ik mijn nummer. Toen ik om half vier mijn fiets losmaakte, sprak een vage vriend van Noortje ons aan. Om de avond leuk af te sluiten, gaf ik weer mijn nummer.' 'Waarom vroeg jij niet de nummers van die mannen, dan blijf jij degene die alles onder controle heeft', merkte ik op. 'Ja, de volgende ochtend had ik dat ook bedacht. Maar het leek mij die avond gewoon een goed idee om met mijn nummer te strooien', zei ze. Wijze Vriendin was wel eens slimmer uit de hoek gekomen, maar och, zelfs de Dalai Lama laat weleens een scheet. 'Zijn er inmiddels spannende dingen gebeurd?' vroeg ik.

Wijze Vriendin pakte haar mobiel en toonde me het sms'je van Kerel 1.

Hi WV, Ik wl het hierbij ltn,
anders word het te
gecompliseert. K1

'Het wordt met een 'd' en gecompliceerd met een 't'?'
gilde ik. Wijze vriendin gilde mee. 'En kerel 2?' vroeg
ik. 'Daar heb ik vorige week wat mee gedronken, maar
de hele vibe was weg, vond hij. Dus zei ik maar dat ik
zijn mening deelde.' Wijze Vriendin fronste haar voorhoofd. 'Met Kerel 3 ben ik gisteren naar een fototen-
toonstelling in het Foam-museum geweest. Ik was niet
wild enthousiast van hem. Hij is een beetje nurdy. Weinig aantrekkelijk. Zo iemand waar make-over-tech-
nisch winst mee te behalen valt. Ik vind mezelf een
stuk leuker dan hem. Maar ik wilde best ontdekken of
wij misschien iets zouden kunnen vormen samen. Ooit.'
'Heel goed', zei ik. 'Vanmorgen ontving ik dit mailtje.
Wijze Vriendin schoof haar laptop naar mij toe. 'Lees
maar!'

Hallo WV,
Hoewel het aangenaam was gisteren, wil ik duidelijk zijn.
Het lijkt mij beter geen vervolgafspraak te maken. Ik
voelde niet de spanning die nodig is om een volgende
stap te zetten. Ik weet zeker dat jij iemand erg gelukkig
kan maken.
Groet,
K3

'Wat een afstandelijk figuur!' riep ik. Wijze Vriendin
was al een tijdje stil. 'Door dit mailtje moest ik denken
aan een boeddhistische wijsheid', zei ze. 'Het boed-
dhisme onderscheidt drie vormen van lijden. De eerste

vorm van lijden is herkenbaar en erkenbaar lijden: geboren worden, ziek zijn, ouder worden en doodgaan. Het tweede niveau van lijden betreft de verslaving aan iets nieuws. Je denkt gelukkig te worden van een nieuwe auto, een nieuwe baan, een nieuwe partner. Maar wanneer er een mooier, nieuwer, aantrekkelijker model op de markt komt, is het geluksgevoel in één klap weg. Je blijft op deze manier altijd onbevredigd achter. De derde pijn betreft het niet inzien van de tweede pijn.'
'Dat is typisch iets voor deze tijd. Maar wat heeft dit te maken met die drie kerels?' vroeg ik. 'Het is net alsof mensen tegenwoordig alleen maar verwikkeld zijn met die tweede vorm van lijden. Zonder dat we het doorhebben zijn we zelf koopwaar geworden en worden we als broodjes kroket al dan niet goed verkocht. Waar is de inhoud? De moeite? Wat is nog bijzonder? Wie is nog bijzonder?' riep Wijze Vriendin theatraal. 'Was ik maar geboren in de jaren vijftig. Toen ging het ten minste nog ergens over.' Opeens drong het tot me door. Ik moest Beginnend Iets een kans geven.

Twee dagen later belde Beginnend Iets. 'Heb je zin om te gaan eten bij Tokyo café op het Spui?' Die donderdag dronken we eerst een wijntje bij hem. Het was leuk Beginnend Iets weer te zien. Na een klein uurtje borrelen verlieten wij zijn huis.

'Even wachten', zei hij, toen we drie trappen naar beneden waren gelopen. Zou hij obsessief compulsief zijn, waardoor hij nu moest controleren of het gas echt wel uit was? Ik ging na hoe gestrest ik hem vond, toen wij daarnet wijn dronken en wasabinootjes aten. Niet. Maar toch, juist dán zelfs. Het duurde even. Misschien moest hij tevens van allerlei ander witgoed zeker weten dat het dicht, op, naast of open lag. Ik hoorde hem de deur sluiten en de trappen afdalen. 'Je achterlicht was toch stuk?' zei hij en hij drukte mij twee fietslampjes in de handen.

Op donderdagavond kun je bij Tokyo Café onbeperkt sushi eten. Dat wil zeggen, per gang mag je vijf sushi per persoon bestellen en dat maximaal acht keer. Na gang twee zat ik al aardig vol en propte er nog een crêpe met vanille ijs achteraan, terwijl Beginnend Iets zich tegoed deed aan een volgende ronde sashimi.

Wachtend op de rekening wees ik hem op een opmerkelijke verschijning: een onschuldig ogend Aziatisch meisje van rond de dertig met een 'Hello Kitty'-tasje en een kort rokje. 'Wat vind je daarvan?' vroeg ik. 'Kijk, het is een spel', legde hij uit. 'Als het voor beide partijen zo werkt, dan is dat natuurlijk prachtig.' 'Maar zou het voor jou werken?' vroeg ik. 'De Japanse man vindt het heerlijk om door haar zijn mannelijkheid te voelen', ratelde hij door. Ik moest een andere tactiek toepassen, de ouderwetse Eliaanse wellteverstaan. 'Denk jij bij zo'n onschuldig ogend Aziatisch meisje van rond de dertig met een 'Hello Kitty'-tasje, kort rokje en beugel, *hop* neuken?' 'Als ze mooi is wel ja', gaf hij toe. Hij had dan vast wel eens met een Aziatisch meisje geneukt. Misschien had hij wel alle soorten en smaken geproefd door de hele hoerenbuurt af te werken. Eén op de zes mannen gaat naar de hoeren, wist ik. Waarom hij dan niet? Hij woonde immers op de hoek van de Ruysdaelkade.

De zondag erop zou ik Beginnend Iets treffen na het roeien, voor een lunch bij hem thuis. Die middag was

het mijn beurt om de roeiboot te sturen, met een tempe-
ratuurtje van min zes en zonder warme kleding. Totaal
vernikkeld kwam ik tegen tweeën uit de boot. Alles
was blauw, totaal verstijfd en meer dood dan levend.
Als een hark sleepte ik mij de trap op naar het clubhuis.
Ik liep linea recta naar de centrale verwarming in de
hoop weer iets van leven in mijn lijf te voelen. Na twee
koppen thee was ik nog steeds de ijsklont die zichzelf
enkele minuten daarvoor uit de boot had weten los te
hakken. Na de bespreking met onze coach hees ik mij
op mijn fiets en trapte in bejaardentempo richting Beginnend Iets.

'Wat zie jij er uit!' riep Beginnend Iets toen hij de deur
opende. Ik was nog altijd een klappertandende ijs-
schots. Met een krakend geluid plofte ik neer op een
stoel. Beginnend Iets schepte warm ei op mijn bord,
schonk thee in en maakte, hoewel de tafel gevuld was
met allerlei lekkers, ook nog soep. Aanvankelijk hielp
dat. Maar niet veel later kreeg ik weer de rillingen. Be-
ginned Iets nam mij onder de arm en legde mij in zijn
verwarmde waterbed. Hij deed mijn kleren uit en kwam
naast mij liggen. Of eigenlijk: hij hield mij in een stevige houdgreep.

Wat is hij toch altijd heerlijk warm, dacht ik. Had ik dit
niet al eens eerder meegemaakt? Ineens wist ik me te
herinneren dat Oude Bekende de temperatuur ook altijd fiks deed oplaaien en 's nachts zweette in bed. Dat
bleek niet zozeer door mij maar door de Xeroxat te komen. Zou Beginnend Iets ook anti-depressiva slikken?
Er moest iets zijn. Hij kwam niet depressief over, maar
had wel een groef in zijn voorhoofd, zo'n peinsgroef.
Maar hij liep ook al tegen de veertig. Het was in ieder

geval een groot verschil als hij lachte of serieus keek. Manisch depressief dan misschien?

De volgende woensdag spraken we weer af. We zouden naar het strand gaan, in Haarlem eten en weer terugfietsen. Beginnend Iets belde vijf minuten voor de afgesproken tijd aan. 'Ik kom er zo aan!' riep ik door de intercom. 'Kan ik even boven komen? Ik wil je graag wat geven', riep Beginnend Iets terug. Hij was een gulle gever en betaalde altijd. In het begin had ik een poging gedaan hem een zelfontworpen cd te geven: hij kon mijn handschrift op het kaartje niet lezen, er zat een fout in de cd en later op de avond zette hij een andere cd op, die ik mooi vond en hij mij meteen cadeau deed. Zijn gulheid zou nog zijn dood worden. Mijn conclusie: hij had een zelfdestructieve persoonlijkheid.

Na allerlei sportiefs en culinairs bleef Beginnend Iets bij mij slapen. 'Heb je de wekker gezet?' vroeg hij voor het slapengaan. Beginnend Iets werkte als freelance econoom bij verschillende 'grote jongens'. Daarnaast werkte hij aan een nieuw boek. Iets met economie. Elke morgen stond hij om zeven uur op, douchte zich, scheerde zich, ontbeet, poetste zijn tanden en ging naar zijn werk. Maar was dat wel zo? Had hij niet gewoon een smak geld geërfd en deed hij alsof hij zich bezig-

hield met allerlei gewichtige zaken? Je moet er maar van uitgaan dat iemand je de waarheid vertelt. En sinds mij om de haverklap een Klikkiaans 'ik hou van je' om de oren was gevlogen, terwijl dat niet werd waargemaakt, barstte ik van de achterdocht.
Elk moment verwachtte ik dat er een lijk vanachter de panelen in zijn huis tevoorschijn kwam. Ik vreesde dat

Beginnend Iets niet alleen cocaïne snoof, maar er ook in handelde. Ik was ervan overtuigd dat hij in een gekkenhuis had gezeten, of in ieder geval een doorgewinterde bajesklant was. Op een dag zou hij me wurgseksen of met veertig messteken ombrengen. En zoniet dan zou hij ten minste zeggen: 'Hej moet je horen ... Ik heb nog eens goed nagedacht. Ik vrees dat wij gewoon niet zo'n goed plan vormen samen.'

'Heb je misschien een tumor?' vroeg ik voordat hij de volgende ochtend de deur achter zich dicht trok. 'Ja, ik ga nu een kist uitzoeken', zei hij en sloot de deur. Een paar dagen later aten we bij Tante Agaath in de Boomstraat in de Jordaan. 'Als je moest kiezen welke psychiatrische aandoening je zou hebben, welke zou dat dan zijn?' vroeg ik, in de hoop dat Beginnend Iets nu eindelijk uit de doeken zou doen waar hij aan leed, maar hij zweeg. Op een dag hield ik het niet meer. We keken samen naar Tros Muziekfeest, omdat ik daar altijd zo heerlijk ongegeneerd kuddegedrag kon observeren, toen ik geheel onverwachts vroeg: 'Maar er moet toch wat zijn?' 'Waarmee?' vroeg Beginnend Iets. Ik keek hem vragend aan. 'Met Frans Bauer bedoel je?' vroeg hij en hij tuurde naar het scherm. 'Die heeft toch een poliep aan zijn stembanden of zoiets?' 'Ja,' zei ik, 'maar de vraag is of jij dat hebt.' 'Een poliep?' vroeg hij. 'Nou, bijvoorbeeld. Of iets anders. Er moet iets zijn.' 'Wil je nog thee?' vroeg Beginnend Iets.

Ik schaamde me diep, want zo wantrouwend als ik was, zo attent en gezellig was Beginnend Iets. Hij was overweldigend. Dacht aan alles. Verraste me elke dag. En toch, of misschien wel daarom, kon ik niet geloven dat hij het meende. Dat het geen spelletje was. Dat hij geen

homo was die morgen naar Kuala Lumpur emigreer-
de.

Er was een avond Afrikaanse Jazz in het Bimhuis. Er
was het befaamde avondje Op De Bank Met Dvd. Er
was een avond 'Verplichte figuren' van Alex Klaasen in
de Kleine Komedie. Er waren etentjes uit, thuis en onderweg. Maar wat we ook ondernamen en hoezeer hij
ook zijn best deed, ik bleef twijfelen.

Tijd voor een hulplijntje. Ik besloot Reisgenootje te
mailen, die midden in de verbouwing zat van haar huis
in Haarlem.

Lief Reisgenootje,
hoe is het met de buik? En het huis? Hoop dat alles op
tijd klaar is voordat de baby komt! Als ik nog ergens mee
kan helpen moet je me bellen, hè?

Zoals je weet heb ik sinds enige tijd contact met
Beginnend Iets. We hebben het enorm gezellig samen,
maar toch mis ik iets. Beginnend Iets is bijvoorbeeld
über-intellectueel. En dus twijfel ik of ik mij op een
gegeven moment geen halfbakken figuur voel.
Beginnend Iets toont veel inzet. Hij staat 's morgens om
zes uur op als ik om kwart over zes op moet staan, om
voor mij ontbijt te maken. Dus twijfel ik aan mijn eigen
inzet. Beginnend Iets is superrelaxt. Ons samenzijn is zo
gemoedelijk, dat wij net een stel doorgewinterde
bejaarden lijken. Wat natuurlijk mijn straatje is, begrijp
me niet verkeerd, maar waar is de hippe, flitsende,
populaire Elia gebleven?

Ik ben bang wat anderen van hem vinden en zie op tegen familie- en vrienden bezoeken. Samen is het ontspannen, maar in gezelschap van mijn vrienden is hij plots niet meer zo ontspannen. Aan de andere kant verrast hij mij continu, komt op tijd en belt elke dag. Ik erger me steeds meer aan hem. Kleine dingen, woordjes, handelingen. Ik schaam me dat ik zo loop te mierenneuken, want ik word overspoeld met meedenkendheid, oprechtheid, eerlijkheid en liefde. We spreken elke avond af. Deze week gaan we zelfs naar Terschelling om nog meer op elkaars lip te zitten.

Met Klik was het zo passioneel. Dat mis ik!

Wat is jouw indruk?
X Elia

Dezelfde dag nog ontving ik een mail van Reisgenoot-je.

Lieve Elia,
Hier alles prima. Het huis is waarschijnlijk net op tijd klaar! Mijn buik staat op knappen...

Daar waar bijna al jouw (anti-)samenzijn met mannen gebaseerd is geweest op tegen hard flitsende, opspattende watervallen inploeteren (zoals met Klik), begeef je je nu op een kabbelend beekje, in een veilig bootje. Is dat eigenlijk niet een heel goed idee? Heb jij, met je grillige karakter niet gewoon een stabiele factor nodig?

Echt goed dat je niet meteen afhaakt en tijd investeert in iemand leren kennen! Wat betreft die ergenissen:

231

probeer niet te streng te zijn. Iedereen heeft slechte eigenschappen. Mocht je na enige tijd werkelijk niet verliefd worden, dan kun je het altijd nog uitmaken. Geef hem een kans!

Liefs,
Reisgenootje en buik

Ze had volkomen gelijk! Wat zeurde ik weer om niets. Ik wilde een betrouwbare, goede vent. Die had ik nu en weer was het niet goed. Twee dagen later gingen Beginnend Iets en ik naar Terschelling. 's Morgens stonden we vroeg op, liepen hard, zaten in de sauna, in bad en weer in de sauna. 's Middags gingen we uitgebreid lunchen met vers brood en cranberrysap, om vervolgens een eind te fietsen in de storm. 's Avonds zaten we opnieuw in de sauna met een glas cava en aardbeien, om ons vervolgens met de taxi bij een aangenaam restaurant te laten afzetten. Tegen middernacht liepen we in de regen terug naar ons huisje in de duinen. Wat was ik gelukkig! Beginnend Iets was een geweldige man! Ik kon helemaal mezelf zijn! De volgende morgen hoosde en stormde het. 'Laten we de hele dag in bed blijven liggen!' riep ik dolenthousiast, waarop hij antwoordde: 'Doe jij dat maar. Ik ga vers brood halen en een krantje.' Terwijl ik de deur hoorde dichtvallen en naar het plafond staarde, sloeg de twijfel genadeloos toe.

Ik schakelde een hulplijntje in. Wijze Vriendin ditmaal.

*'Hé Elia, hoe is het?'*
*'Matig.'*

'Hoezo? Is het alweer uit?'

'Nee, dat niet.'

'Wat dan?'

'Het is gewoon zo anders met Beginnend Iets."

'Wat is precies zo anders?'

'Met voorgaande mannen was alles gericht op passie.'

'Wat versta jij precies onder passie?'

'Fysiek zin hebben in elkaar, continu samen willen zijn, elkaar ranzige sms'jes sturen, zomaar effetjes gegrepen worden tussen de bedrijven door, midden in een gesprek heftig gaan zoenen, samen dansen op het muziekje dat toevallig op staat, even een stopje maken op een parkeerplaats, de hele dag x-jes naar elkaar mailen, dat soort bezigheden. Het is nu zo'n kabbelend beekje.'

'Hmmm...'

'Wat is er?'

'En dat wil jij jaar in jaar uit?'

'Waarom niet?'

'Misschien verwacht jij teveel van een relatie?'

'Kan zijn, maar ik heb dit echt meegemaakt!'

'Je hebt het meegemaakt, inderdaad. Geen blijvertjes dus.'

'Met Eerste Echte Liefde duurde het anders drie jaar!'

'Ja, maar toen was je negentien!'

'Tot mijn tweeëntwintigste!'

'Ok, maar dan even wat anders ... 'passie' hè? Heeft passie geen ontzettend negatieve keerzijde?'

'Ja.'

'Wat wil je nou eigenlijk? Als je zou moeten kiezen tussen die waterval en dat kabbelende beekje. Wat wordt het dan?'

'Daar kan ik niet tussen kiezen.'

'Toe nou!'

'Mijn gevoel zegt de waterval, mijn verstand het beek-je.'

'Maar je bent gevoel plus verstand. Dus wat gaat het worden?'

'Ik weet het niet. Waarom is een combinatie niet moge-lijk?'

'Wil je wat opbouwen of lekker zelfdestructief bezig zijn?'

'Nou, wat een vraag! Ik weet ook niet wat ik hier mee aan moet. Misschien heb ik teveel testosteron.'

'Heb je rare haargroei?'

'Nee.'

'Soms zomaar een lage stem?'

'Nee.'

'Dat is dus duidelijk. Wat trouwens niet wil zeggen dat je normaal bent. Jij wil altijd spanning en sensatie en dat kan nu eenmaal niet. Bovendien moet er wel heel idioot veel spanning en sensatie op jou worden afge-vuurd, voordat jij eens iets van adrenaline voelt.'

'Klopt. Misschien heb ik te weinig adrenaline?'

'Te veel testosteron, te weinig adrenaline ... wat een onzin allemaal. Jij wilt gewoon het onmogelijke!'

'Ik ben toch zelf het levende bewijs dat trouw en passie samengaan.'

'Ja, jij bent he-le-maal fantastisch!'

'Dank je.'

'Wat wil je dat ik zeg?'

'Je hebt gelijk. Er is niets mis met Beginnend Iets. Ik ben het probleem.'

'Nee, jij maakt overal een probleem van! Geniet ge-woon!'

'Ja...'

'Oh, daar is mijn tram. Ik ga ophangen.'

Ik badderde wat, kleedde me aan, dekte de tafel en las een hij/zij'tje uit het Volkskrant Magazine. Ditmaal waren Jan en Miep van in de zestig aan de beurt. Zij was wispelturig en hartstochtelijk, hij was betrouwbaar en loyaal. Jan en Miep waren verbonden door kameraadschap. Jan vond verliefdheid een overschat fenomeen. Miep was van mening dat verliefdheid niets met liefde van doen had. Dit was het voorland van Beginnend Iets en mij. Jan en Miep waren intens gelukkig samen. Als Miep het met haar halsstarrige karakter kon, waarom zou ik het dan niet kunnen? Twee heerlijke dagen volgden, met dank aan Jan en Miep.

Een half weekje *back to business* en de twijfel sloeg weer toe. Tijdens een rondje fietsen zag ik een stelletje uitgebreid zoenen op een bankje. Zoenen, dat deden wij eigenlijk nooit. Als we dat nu al bijna nooit deden, hoe zal de affectie dan zijn over, laten we zeggen, een jaar? Deze gedachte greep me regelrecht naar de keel. In plaats van een noodlijntje in te schakelen, zou ik het hem misschien eens moeten vertellen.

'Ik mis passie', zei ik tijdens het ontbijt. 'Tja, ik kan hier niet zoveel mee', zei hij na lang zwijgen. 'Soms vraag ik me af hoe het over een jaar zal zijn', merkte ik op. 'Dat weet je nooit', was hij van mening. 'Wat versta je onder passie?' vroeg Beginnend Iets vervolgens. 'Niet van elkaar af kunnen blijven, onweerstaanbare aantrekkingskracht, onverwachte en spannende dingen', antwoordde ik. 'Ja joh, ik kan hier niet zo veel mee', zei hij weer.

De volgende dag gaf Beginnend Iets mij een gigantische bos bloemen. Ik schaamde me kapot.

Daarna kabbelde ons samenzijn verder. Hardlopen, uit eten gaan, bioscoop, dvd's kijken in bed, musea bezoeken, winkelen, schoonmaken, uitgebreid ontbijten, kroegen bezoeken, nieuwe fiets kopen, samen culinair aan de slag gaan. Saai was het nooit. Maar er was ook nooit iets geks. Geen overdreven gezoen bij binnenkomst. Geen smachtende sms'jes. Nooit eens keihard van achteren tijdens een boterham met pindakaas.

Mijn hoofd vulde zich met vraagtekens. Ik zag stelletjes die grappen maakten, innig gearmd liepen en niet van elkaar konden afblijven. Maar ik zag ook dikke buiken en kinderwagens en kreeg steeds vaker baby's van vriendinnen in mijn armen gedrukt. Wilde ik nou maar heel graag kinderen, dan was Beginnend Iets een perfecte partner. Maar nog steeds geen geliefde.

Op een zaterdag ging ik op stap met Wijze Vriendin. Na een smakelijk hapje bij Bicken op de Overtoom, gingen we thee drinken (je bent rollatorgezind of niet) bij Dante op het Spui. Al gauw raakten we aan de praat met twee, van een vrijgezellenfeest afgedwaalde, mannen. 'Wat verstaan jullie nou onder passie?' vroeg ik het duo. 'Passie? Passie?' zei Brunetto, 'dat vind ik een veel te breed begrip.' Blondo kon er wel antwoord op geven. 'Passie vind ik lieve briefjes onder haar kussen doen, cd'tjes maken en stiekem in de cd-speler van haar auto leggen, zodat ze als ze wegrijdt ineens een onbekend liedje hoort. Of samen uren in de hangmat hangen.' Brunetto praatte wat met Wijze Vriendin en opeens riep hij: 'Hoe weet ik wat passie is als ik niet eens weet wie ik zelf ben?' Blondo praatte nog wat verder over zijn geliefde en zijn zes-en-halve-maand oude tweeling. Opeens besefte ik dat hij mijn taal sprak. Dat had ik steeds gemist bij Beginnend Iets. 'Waarom vraag je dit eigenlijk?' vroeg Blondo. 'Ik zit met een persoonlijk dilemma en hoopte dat mannelijke inzichten mij misschien opheldering konden verschaffen', antwoordde ik. 'Relatieproblemen?' vroeg Blondo. 'Nou, dat niet precies', zei ik, 'maar ik mis passie.' 'Er is maar één vraag belangrijk als het gaat om problemen in een relatie', zei Blondo. Had hij misschien teveel gezopen? Grootheidswaan? Zeshonderd Viva's gelezen? 'Nou, kom maar op met je über-verhelderende vraag!' zei ik. 'De enige vraag die je jezelf moet stellen is: Is het je man?'

Ik staarde lamgeslagen naar mijn zojuist ingeschonken glas wijn en slaakte een zucht.

Twee dagen later zou ik omstreeks negenen bij Beginnend Iets een vorkje prikken. De hele dag bracht ik half hyperventilerend door. Wat moest ik zeggen? Hoe moest ik het zeggen? Wanneer moest ik het zeggen? Moest ik het eigenlijk wel zeggen? Kon ik het niet beter schrijven?

Om half negen stapte ik met loodzware benen op mijn fiets. Ik zou binnenvallen en het meteen zeggen. 'Ga eens zitten,' zou ik zeggen, 'ik moet je wat vertellen.' Daarna zoiets als: 'Ik heb bedroevend nieuws.' Of bijvoorbeeld: 'Ik heb dagen gepiekerd en de uitkomst is niet verheugend.' Mijn hoofd zat vol. Waarom kon ik niet verliefd worden op een man die zoveel voor mij overhad, zoveel voor mij deed, altijd voor mij klaarstond en uit elkaar spatte van gezelligheid?

Ik parkeerde mijn fiets en liep de trap op. Op de eerste verdieping stond een oranje kastje met een vetplant. Op de tweede verdieping lagen zestien paar schoenen van de buren. Op de derde verdieping hing een grote michelin-sticker op de deur. En op de vierde verdieping stonden de skates van Beginnend Iets. Nooi meer. Hij wil me vast nooit meer zien. Wat zal ik hem missen! Maar het kon niet anders. Het was niet eerlijk. Hij zou jaren zo door willen gaan. Koopwoning, kinderen, samen oud worden op de bank. Ik val er gewoon mee in huis. Ik open de deur, loop linea recta naar de bank, neem plaats en zeg het hem, nam ik mezelf voor.

Maar bij binnenkomst bleek Beginnend Iets telefonisch in gesprek te zijn met een zakenpartner. Het klonk alsof ze net en superdeal hadden binnengesleept. Hij klonk opgetogen. Alles liep op rolletjes: een goede baan, een nieuwe businessdeal en ook nog een vriendin. Althans, nog twee minuten. Met een enkele zin zou ik zijn leven vernietigen. Misschien ging hij huilen, slaan, schoppen, schreeuwen. Of zou hij mij van vier hoog naar beneden flikkeren.

Beginnend Iets hing op. 'Heb je al gegeten? We kunnen uit eten of ik kan wat maken ...' Hij dook de koelkast in. 'Ik heb nog pecorino en sla. Maar ik kan ook wel effe langs de supermarkt, als je dat wilt.' 'Ik moet je wat vertellen', zei ik. Hij keek op vanachter de koelkastdeur. 'Brand los', zei hij vriendelijk. Ik bleef stil. 'Ja?' drong hij aan. 'Jezus, dit is echt kut!' riep ik. 'Zeg het maar gewoon', zei hij. 'Ik ben niet verliefd op je', hoorde ik mezelf zeggen. 'Hm, hm', humde Beginnend Iets. 'Ik heb gekeken of het nog zou komen, maar dat is helaas niet gebeurd', zei ik. 'Hm, hm', humde hij weer. En toen was het stil.

Beginnend Iets ging op de eettafel zitten en bungelde zijn benen relaxed heen en weer. 'Tja, ik had het al verwacht', zei hij kalm. Ik wreef een traan uit mijn ogen. 'Lullig dat je hier zo mee hebt rondgelopen.' 'Ik vind het anders veel lulliger voor jou', zei ik. Stilzwijgend zaten we enkele minuten tegenover elkaar. 'Had ik het anders moeten aanpakken?' vroeg Beginnend Iets. 'Nee, dat is het niet,' riep ik, 'jou valt niets te verwijten.' Weer was het stil.

'Verliefdheid', zei Beginnend Iets na lang zwijgen. 'Als ik iemand tegenkom waar het mee klikt, die ik graag om mee heen heb, waar ik dezelfde interesses mee deel, die ik mis wanneer we elkaar even niet zien, dan vind ik dat al heel bijzonder. Wat wil je dan eigenlijk nog meer?'

# Dertig

## en dan?

Elke dag dacht ik eventjes aan Klik. Nu het uit was met Beginnend Iets en mijn Expeditie MAN sowieso mislukt was, kon ik net zo goed contact met hem opnemen. Drie weken lang wikte en woog ik of ik zou bellen, mailen, schrijven of onverwacht langs gaan. Uiteindelijk besloot ik te bellen, maar hij nam niet op. Naar aanleiding van een gemiste oproep, mailde hij. In deze mail prees Klik mij vier A4tjes lang de hemel in. Wat was ik toch verschrikkelijk ambitieus, creatief en succesvol en bovendien ongelooflijk ontzettend bijzonder mooi en speciaal. In de één-na-laatste alinea gaf hij aan dat hij ons leeftijdsverschil van vijftien jaar bij nader inzien toch wel erg veel vond en dat als een enorme drempel had gezien in een toekomste relatie. Ter afsluiting schreef hij het volgende:

Ik heb sinds een tijdje een relatie met een leuke vrouw. We hebben veel overeenkomsten. We bezitten dezelfde leefstijl en hobbies, behalve paardrijden en diepzeeduiken dan. Ik weet nog niet of zij de *echte* nieuwe liefde in mijn leven is. Dat moet nog wel groeien zeg maar, van twee kanten overigens. We moeten elkaar in alle opzichten nog verder ontdekken. Maar we doen veel leuke dingen samen en hebben het erg gezellig.

Hoe hard ik ook had geprobeerd een man te fiksen voor mijn dertigste, er was niets van terechtgekomen en het zou ook niet meer lukken. Nog twee weken te gaan en ik zou drie decennia oud worden; zielig, verlaten en alleen. Ik werd dertig, maar voelde me, door al het ge-jaag van de afgelopen periode, een bejaarde. Wás ik maar negentig, zittend onder de parasol met een kopje koffie en een plak cake, bladerend in een tuintijdschrift. Was mijn man, waar ik een mooi leven mee had geleid, maar alvast dood. Was het maar zo dat ik mannen al-leen nog maar zag als tandarts, tv-presentator of tuin-man.

Waren mijn verwachtingen aangaande mannen mis-schien te hooggespannen? Wat had ik zelf in de aan-bieding? Te weinig of moest het anders? Hoe anders? Verwachtte ik teveel van een relatie? Dacht ik dat mijn leven pas echt zou beginnen als ik een relatie zou heb-ben? Dat ik nu een beetje voor spek en bonen meedeed? Was het misschien zo dat ik van bepaalde hormonale stofjes toch echt te weinig had? Of te veel? Zou ik een bloedonderzoek moeten ondergaan? Zou daaruit blij-ken dat ik misschien toch hiv zou hebben? Hoe kwam het dat ik nergens meer van opkeek of warm voor liep? Misschien zou ik een paar weken sapkurend in een klooster moeten verblijven; 'niks' en leegte moeten leren accepteren. Of zou ik nog een keer moeten speeddaten? Misschien lukte het nog net voor mijn der-tigste verjaardag. Moest ik me hipper kleden? Minder stoer doen? Sowieso grootschalig veranderen? Kon ik beter uit Amsterdam weggaan? De concurrentie is hier moordend. Ik ben natuurlijk te apart. Als ik nou ook gewoon zo'n anorectische, blatende, modebewuste 'happy' single zou worden, zou gaan 'shoppen', 'hapjes en drankjes doen' en daarna gezellig gaan 'partyen' met mijn 'vriendinnetjes'. Dan werd het misschien nog wat. Misschien moest ik een simpeler leven ambiëren en verhuizen. Naar Doetinchem bijvoorbeeld. Waar iedere vrouw van dertig al jaren getrouwd was en bovendien zwanger van het tweede kind, hooguit drie dagen in de week werkte en een koophuis in een vinexwijk bewoonde. Van negen tot vijf bij de Blokker werken, 's avonds GTST en in het weekend naar de camping. Misschien was dat de oplossing. Waarom moest ik alles ook altijd zo gecompliceerd maken? Dat had mij tot op heden niks gebracht. Maar zou ik nog wel kunnen veranderen na mijn dertigste? Was ik daar niet een beetje te laat mee? Was het niet zo dat ik het met deze persoonlijkheid en dit temperament moest doen? Dat dit het was?

Zonder man mijn dertigste levensjaar in gaan was één ding. Als een psychotische randfiguur een feestje vieren was echt niet de bedoeling. Het was tijd om naar een psycholoog te gaan. Ik kende Schaapman van een aantal jaren terug. Ik had een aantal sessies bij hem gehad aangaande het laatste staartje ouderproblematiek, met als toptip 'houd de regie'. Schaapman was behoorlijk 'hands on', maar ik verwachtte nu minstens een sessie of tien, aangezien ik met zulke extreme, uiteenlopende, verwarring rondliep. Ik kon dezelfde week terecht, op een donderdag om half tien 's avonds.

Fietsend naar Schaapman voelde ik me tevreden. Wat een volwassen idee om aan de slag te gaan met mijn probleem, dacht ik bij mezelf, echt super-dertig dit. Nu al. Ik zette mijn fiets tegen een boom en belde aan. Eenmaal binnen nam ik plaats in de wachtkamer. Wat was die praktijk toch gehorig! Ik kon het gesprek dat gaande was in de kamer ernaast net niet verstaan, maar ik hoorde hoe een vrouw huilde om nog geen minuut later in lachen uit te barsten. Typisch Schaapman. Op het tafeltje voor me lagen National Geographics. Ik pakte een exemplaar dat ging over China en bladerde het door. Vijf over half tien. In de andere kamer klonk geen afrondend geluid. Misschien had ik de datum verkeerd begrepen, had ik pas morgen een afspaak! Of gisteren? Ik pakte mijn agenda uit mijn tas. Niks aan de hand. Nog een puntje van aandacht, dat paniekerige van mij. Misschien moest ik even wat aandachtspunten noteren. Ik moest een pen hebben. Weer die paniek. Ik graaide wild in mijn tas. De deurkruk ging omlaag. Daar stond Schaapman. Laat maar die pen, tas snel dicht en klaarmaken voor begroeting. Terwijl ik dit deed viel er een tampon uit mijn tas. 'Elia Dijkman?' Schaapman stond klaar om mij de hand te schudden, terwijl ik probeerde zo onopvallend mogelijk de tampon van de grond te rapen. 'Een moment', hakkelde ik. Ik zou mij niet moeten schamen voor dit soort acties. Ik was immers bijna dertig, de leeftijd waarop mijn ouders al twee kinderen op de wereld hadden gezet.

'Neem plaats,' zei Schaapman even later, 'wat is het probleem?' Lekker *to the point*. Mooi. We zouden gedegen aan de slag gaan met deze casus, zodat ik veel beter in het leven kwam te staan, waardoor alles goed zou komen, zelfs die relatie met een man. 'Wat was ook alweer het verhaal?' vroeg hij ter verduidelijking. 'De vorige keer was ik hier in het kader van wat afrondende zaken aangaande mijn ouders', legde ik beknopt uit. 'Ohja, ja. Hoe is het daar nu mee?' 'Goed, regie in de hand', antwoordde ik bondig. 'Vertel, waarom ben je nu hier?' vroeg hij. 'Ik heb net mijn relatie beëindigd. Daar sta ik achter, maar ik twijfel over mijn mannen- keuze', begon ik. 'Twijfel?' vroeg hij. 'Ik vrees dat ik vooral sensatie wil, dat ik op verkeerde mannen val of dat ik bindingsangst heb. Mijn vorige vriend was echt goed voor me. Hij had van alles in de aanbieding, maar nog twijfelde ik', stortvloedde ik. 'Was je verliefd?' vroeg Schaapman. 'Nee.' 'Duidelijk dan toch?' zei hij. 'Ja, maar misschien klopt er iets niet in mijn mannen- keuze. Of misschien verwacht ik te veel van een rela- tie', zei ik. 'Wat klopt er niet volgens jou?' 'Ik wil pas- sie, overweldigende gevoelens en een echte klik', zei ik. 'En?' vroeg Schaapman. 'Misschien vraag ik te veel?' stelde ik voor. Schaapman zweeg. Ik staarde naar het hoge plafond en vroeg me af wat er ook alweer al- lemaal mis was. Had ik het nou maar opgeschreven. Straks stond ik buiten en was ik de helft vergeten te vertellen. Dat had ik bij de huisarts ook altijd. 'Ik had gedurende een half jaar een geweldig passionele relatie met een leuke man, die helaas in een aflopende relatie van twaalf jaar zat. Dat ging niet samen', vertelde ik. 'Was je verliefd op hem?' vroeg Schaapman. 'Enorm,' zei ik, 'ik zie nog steeds overal vijfenveertig opduike- len.' 'Vijfenveertig?' vroeg Schaapman. 'Zijn leeftijd', legde ik uit. Schaapman humde wat. 'Zou ik misschien te veel testosteron hebben?' vroeg ik plots. 'Wat bedoel je?' 'Ik heb altijd zin en als een man niet altijd zin heeft, dan vind ik er al gauw niets meer aan. 'Je moet wel iemand met hetzelfde libido hebben, anders werkt het niet', verzekerde Schaapman mij. Weer was het stil. Wat had ik verder nog allemaal voor raars? 'Ik vind niets meer bijzonder, laat staan spannend. Als ik voor een groep van vijfhonderd man sta om een presentatie te houden, voel ik niks. Ook een man kan mij niet het hart sneller doen kloppen', zei ik. 'Tja,' zei Schaapman, 'dat kan.' Hij glimlachte vriendelijk. 'Dus je denkt dat er niets mis met mij is?' vroeg ik. 'Weet je wat ik denk?' vroeg Schaapman. 'Nou?' zei ik dapper. Nu kwam het. De analyse dat ik helemaal geflipt was. Dat ik maar beter het klooster in kon, of, nog beter, opgenomen kon worden in een psychiatrische inrichting. Of, dat ik het met vrouwen moest proberen. Of het zou moeten laten rusten. Of mij moest aansluiten bij een nymfomanen-praatgroep. Of dat ik medicatie nodig had om weer eens iets spannend te kunnen vinden. Schaapman keek mij jolig aan. 'Jij hebt hier niets te zoeken, Elia. Je moet geen problemen verzinnen die niet bestaan. Ga en lééf!' Ik keek Schaapman versuft aan. 'En al die mannen dan?' hakkelde ik. Schaapman haalde zijn schouders op. 'Het steekt gewoon nauw bij jou.'

# Feest!

*Onthoud nooit wat je gegeven hebt, vergeet nooit wat je ontvangen hebt.* Brian Tracy

---

*Ein-de-lijk is het zover ... 9 maart word ik*

*DERTIG!*

*Om dit groots en uitbundig te vieren nodig ik jou (en je geliefde) uit op mijn verjaardag op zaterdag 8 maart. Van een burgo-kring is geen sprake ... bij binnenkomst dien je jezelf te verlossen van je schoeisel en plaats te nemen in een bedoeïnetent-achtige ambiance. Daar zul je verwend worden met de lekkerste tapas en de beste wijnen (uit de supermarkt wijngids).*

*Na dit eet- en drankfestijn ben je van harte welkom alle opgedane calorieën er weer af te dansen in Pacific Parc, wat gesitueerd is op een steenworp-afstand van mijn bedoeïnentent.*

*Datum: 8 maart*
*Tijd: 19.00-19.30 entree*

*Liefs,*
*Elia*

---

Dit is het dus. Deze verzameling mensen staat voor wat ik de afgelopen jaren van mijn leven heb gemaakt. Met een flûte in mijn hand sta ik temidden van Roeimaatjes, voormalig CUG-studiegenoten, Klaagvriendin, Reisgenootje, collega's, Wijze Vriendin, de buurvrouw van één, Broer met vriendin, Broertje met vriendin, Homovriend met Man en familieleden die eigenlijk met elkaar in de clinch liggen, maar nu samen met mij het glas heffen. Op mij! Tjonge, wat heb ik eigenlijk een leven! Helemaal zelf bij elkaar gewerkt, bedacht en ontwikkeld. We tellen af tot het twaalf uur is terwijl Broer de champagnefles opent en deze om klokslag twaalf laat knallen. Of ik ooit een interessante, geïnteresseerde, humoristische, sociale, sportieve, sterke, rustgevende, smaakvolle, handige, galante, oorspronkelijke man zal tegenkomen, weet ik niet. Maar als dit het is, dan is het al heel wat.

# Dankwoord

Dank aan Astrid, Bianca, Caroline, Claudia, Dick, Elly, Elsbeth, Floor, Frouck, Gerard, Hélène, Hester, Ingmar, Iris, Jan-Willem, Jeffrey, John, Jolan, Joyce, Marloes, Martijn, Merel, Pien, Robbie, Robin, Robin, Roelof, Selma, Stefan, Willeke, Yen en uiteraard alle mannen die ik tegenkwam en waar het niks mee werd.

## Verantwoording

Door gebruik te maken van andere namen, plaatsen en tijden hoop ik dat de mannen in dit boek anoniem zullen blijven. Een aantal karakters is ontstaan door het combineren van mensen uit het echte leven, een aantal is pure fictie (mocht dat bestaan). De horeca-gelegenheden in Groningen en Amsterdam zijn uit het leven gegrepen. Namen aangaande de culinaire carrière van de hoofdpersoon zijn fictief.